동남문학 열한 번째 이야기

달팽이의 하루

초판 발행 2010년 12월 4일
지은이 동남문학회

펴낸이 안창현 **펴낸곳** 코드미디어
북 디자인 Micky Ahn **편집디자인** 장민서
교정 교열 정휘림
등록 2001년 3월 7일
등록번호 제 25100-2001-5호
주소 서울시 은평구 갈현1동 419-19 1층
전화 02-6326-1402 **팩스** 02-388-1302
전자우편 codmedia@codmedia.com

ISBN 978-89-94178-19-6 03810

정가 10,000원

동남문학 열한 번째 이야기

달팽이의 하루

작은 울림에도 소리를 내는 비파가 되어

가슴속에 스며 울리는 우리의 감성이 울림통을 거쳐 아름다운 시어로 탄생합니다. 지나치기 쉬운 작은 일들이 가슴 찡한 한 편의 수필로 만들어질 때 글을 쓴다는 것이 정말 행복합니다. 그러나 마음대로 글이 쓰여지지 않을 때가 있습니다. 우리는 그 고통도 즐거이 받아들입니다. 올 한 해 수업 시간이 모자랄 만큼 많은 작품을 써 준 문우들의 작품이 여느 해보다 발전을 하였습니다.

세 분이 시집과 수필집을 출간하고 두 분이 시인으로 등단하여 기쁨을 나누었습니다. 백일장이나 공모전에도 많은 문우들이 참석하여 좋은 성적을 거두었습니다. 동남문학회는 수원지역의 문학회에서 한국문단의 전국 어디서나 우뚝 서는 동남문학으로 더욱 발전하기를 다짐하며 노력하였습니다.

회원 여러분, 여러가시 행사가 많았지만 협조해 주셔서 잘 치를 수 있었으며 한 해의 결실인 동인지를 무사히 발간하게 되어 기쁩니다.

선배들이 쌓아 올린 10년 문탑 위에 11번째 벽돌을 올립니다. 동남문학이라는 탑이 더욱 견고하게 쌓일 수 있도록 앞으로 회원 여러분의 보다 깊은 노력이 필요하다 생각합니다. 동남문학회는 회원 모두의 문학회입니다. 많은 사랑 기대합니다.

2010. 12월

동남문학회 회장 서선아

차례

차례

차례

최지은

창 작 노 트

문학은 늘 내 사념의 끝을 잡고
놓아주지 않는다.
미친 짓이라 다 알고 있으며
다가서는 어떤 생각처럼–

詩

01

취객

그가 나의 꽃밭을 훔쳤다
내가
술기운에
아파트 화단에서 뽑아 옮겨 심은 용기를
그가 술에 취해 흔들거리며 꺾었다
그리곤 다른 이들에게 한 다발씩 선심을 쓴다
내 국화를
그리곤 화내지 말라한다
어쩌랴
내가 꽃을 훔쳤을 때처럼
그도 취중인 것을

02

들꽃

나는 들꽃이요

당신은 당신의 화원에 들어와
가시를 단 장미가 되라하오

난 싫소

내려쬐는 태양빛에 내 잎이 다소 마를지라도
몰아치는 바람에 내 가지가 조금 꺾일지라도
쏟아지는 폭우에 뿌리가 드러나는 아픔을 겪을지라도
하이얀 폭설에 무너져 내 모든 것이 사그라질지라도

난 내 뜰에 부딪치며 살고 싶소
다만 당신 화원 바로 옆에 자리 잡고 싶소
들꽃인 채로
가끔 따스한 당신의 눈길만 있다면
더 이상 난 바랄 것이 없겠소

03

미친 짓이다 1

고흐의 생가에서
담쟁이 푸르른 잎에 감싸인
고흐의 그림을 보며
천천히 관광객의 뒤를 따를 땐
그저 가만히 귀 잘린 고흐를 그렸다

이제는 식당으로 변한
생가 내부를 둘러보며
딸그락 찻잔에 부딪치는
맑은 스푼 소리와
그윽한 커피 향 맡으며
나름 우아한 걸음짓을 했다

헌데
적막이 흐르는 한낮의 고흐 마을 골목을
딸과 둘이 걸으며
갑자기 이건 미친 짓이라는
생각이 온몸을 휘몰아치는 거였다
넉넉하지도 않으면서
돈을 흘리고 다니는 내가
정말 미친 거 같았다

마침
여행이 뭐라 생각하느냐며
화색이 도는 얼굴로 묻는 딸의 말에
미친 짓이라 생각한다 말했다가
그날 여행은 둘 다 꽝 되었지만
지금도 난
미친 짓이라는 생각은 변하지 않았다

그래도
또
나는 여행을 떠날 것이다
미친 짓임에도 불구하고

04

미친 짓이다 2

이 일 저 일 하다 이것도 저것도 다 맘대로 되지 않아 대리운전 하는데 당뇨를 앓는 아내 약값도 나오지 않는 수입 때문에 아내는 병원도 가지 못해 자리에 눕기가 일쑤고 고리대금으로 산 차는 압류 당하기 일보 직전 밀린 월세가 보증금을 넘어 집을 비우라는 집주인 성화가 이만저만이 아닌 어느 남자의 일상을 다룬 다큐를 보며 가슴 한 자락이 우르르 무너져 내렸다

브이라인 만든다고 이름도 모르는 주사를 턱 선에 마구 찔러 대고 얼음찜질하며 누워 있다가 심장이 흔들리는 거였다 이건 미치지 않고서는 이럴 수 없는 거다 모두들 살기 어렵다고 부르짖는 이런 시절에

05

이별 1

다급한 남편의 목소리와 딸의 흐느낌을
전화선을 통해 듣고 모든 일을 팽개치고
동물병원으로 달렸다

싸늘하게 식은 태디를 안고
하얗게 질린 딸은 이미 너무 울어서
퉁퉁 부은 눈을 뜨지도 못한 채 실신 직전이었다

아침에 출근할 때
이빨을 드러내고 잡아먹을 듯이
짖어대던 어제와 달리 얌전해서
웬일이냐며 대수롭지 않게 여기고 나왔었는데
이제 다시는 볼 수 없는 다른 세상으로 떠난 것이다

며칠 전 비실대는 태디를
앞으로 십년은 더 살겠다고 장담했던 의사는
어찌할 바를 모르며 장례절차를 알려 주었다

내비게이션에 김포 화장터를 찍고
어두운 시골길을 더듬어
영업시간이 지난 장례식장 문을 밀고 들어섰다

사람과 별 다를 것 없는 절차를 갖춘 생소한 환경
수의를 하겠습니까?
아니요
관을 하시겠습니까?
아니요
그럼 애기를 화장 할 동안 분향을 하고 기다리세요
삼십 분 정도 소요됩니다
꽃마차에 태워 화장장으로 밀고 들어간다
화장하는 절차를 우린 유리를 통해 들여다 보았다

로비 중앙 커다란 나무에 흰 종이가 주렁주렁 걸려있나
천국으로 간 애기들에게 마지막 하고 싶은 말을 적은 종이들
한 마디 적는 데 천원
화장하는 값 오킬로 미만 십팔만 원
화상한 뼛가루를 돌처럼 뭉쳐주는 비용 십오만 원
그 돌을 보관하는 보석함 십오만 원
십년을 같이 살아 온 정을 매정하게 끊지 못해
곱게 보석함에 담아 사리처럼 모셔왔다

딸이

오랫동안 잊지 못해 많이 힘들어 할까
노심초사했는데 생각보다 빨리도 잊는다
돌을 땅에 묻고 싶단다
그렇게 태디는 우리 곁을 떠났다

06

이별 2

십년을 하루같이 손발이 되어 준
나의 애마 다시는 잡지 못 할
너의 마지막 손길이 애틋하다

쪼끄맣다고 괄시하는 소리에도
꿋꿋하게 내 곁을 지켜주었는데
결국은 나도 네가 작다고 버리다니
이런 미안할 일이

네가 작아서 좋았던 기억이 많았다
아주 작은 공간만 있어도 가능한 주차
톨게이트비도 공공주차료도 반값
작은 공간은 내 몸과 같았는데

너와 둘이는 어디라도 좋았지
다른 사람이 함께하는 건
창피하다고 여긴 거 미안하다

경기 30누 6678
수명이 다 하는 날까지
새 주인과 잘 살아라
그동안 고마웠다

07 갈아타기

마지막 네 손을 놓으며 안타까워하던 일이 까마득하다
십 년 추억이 이리 허망하게 잊혀 질 줄이야
언덕을 오를 때면
딸리는 호흡 때문에 뒤 따라오는 차에
앞선 내가 뒤로 미끄러져 박을까
호흡을 멈추어야 할 정도였는데
갈아 탄 애는 듬직하게 버티어준다
이런 안락함이

핸들을 틀을 때면
쇠 갉아먹는 굉음을 내어
나를 공포에 떨게 하더니
작별하는 날 기어이 폭발하고 말았다지
그런데 애는 틀면 트는대로
너무도 조용히 방향을 바꾼다
이런 편안함이

고속도로를 달릴 때
바람이 조금만 불면
바람에 날아갈까 핸들을
힘껏 잡고 버티었는데

얘는 아무런 흔들림 없어
머리를 의자에 느긋하게 눕힐 수 있다
이런 의젓함이

십 년 세월이 아까워 미련을 못 버리는
이 질긴 사랑도 갈아타면 이리 될까?

---

* 비스토에서 카니발로 갈아탄 후에~

08

우리는 서로에게

너에게 나는
나에게 너는
말하지 않아도
나는 너였고
너는 나 그 자체였다

지금은
너는 너이고
나는 나일뿐

네가 나였을 때
내가 너 자체였을 때
마음으로 이미 알았던 그 일들을
이제 말로 구걸하지만
따스한 손길 기억에서 멀어진 우린
서로에게 손톱을 세우고 상처만 남길 뿐

조민서

창 작 노 트

눈 내리는 가슴 속 조그만
창문을 연다.

隨筆

포효
어떤 반항

포효

새해 초부터 하늘은 세상의 지표면을 하얗게 덮어 버렸다. 중부지방 눈의 적설량이 25cm가 넘었다고 한다. 많은 적설량으로 고립되는 지역도 곳곳 발생했다. 도시의 움직임은 더디게 돌아간다. 그 속에서 내 몸과 마음도 둔하게 하루하루를 따라갔다. 올해는 60년 만에 돌아온다는 백호의 해이다. 차곡차곡 흰 빛으로 덮이는 세상. 그 세상의 새해는 포효하기 전 웅크려 힘을 모으는 호랑이의 깊은 폐부처럼 영묘한 적막함으로 조용히 다가왔다.

눈 내린 호수가 보고 싶었다. 그래서 새해 첫 모임을 가진 문학회 문우들과 호수로 갔다. 도착해 보니 온통 얼어 버린 하얀 호수가 우리를 기다리고 있었다. 하얀 호수를 보자 '멀리서 다가와 멀리 사라져 버리는 무슨 아득한 종소리 같은 것' 이라는 어떤 시인의 「겨울새」 시구가 생각난다. 그처럼 호수는 아득히, 나직이 햇빛 아래 조요롭게 펼쳐져 있다. 난 눈 내리는 가슴 속 조그만 창문을 연다. 사박사박 미끄러져 들어가는 흰 발자국들. 눈의 여신 스카디처럼 눈으로 가득 찬 호수를 향해, 나의 심층을 향해 한 발 한 발 내딛으며 걸어 들어갔다.

문우와 눈싸움을 했다. 코 흘릴 적 형제들과 하던 눈싸움이 생각난다. 그들도 나처럼 그 시절을 생각할까. 호숫가 나무숲에 다북다북 쌓인 눈꽃 송이들. 아사다 지로의 영화 '철도원'

의 눈 속 작은 간이역과 철도역장 오토마츠도 생각난다. 사랑하는 하나뿐인 딸과 아내가 죽던 날도 흰 눈 속에서 깃발을 흔들며 기차를 맞고 일지에 '이상 없음'을 적어야 했던 그. 그리고 죽은 딸의 환영을 보며 평생 섰던 그 자리에서 눈에 덮여, 철도원으로서 삶을 마친 애잔한 모습들. 잊지 못한다. 가와바타 야스나리의 소설 『설국』 또한 잊지 못하는 소설이다. '국경의 긴 터널을 빠져 나오자, 눈의 고장이었다.' 그 유명한 서두이다. 눈의 고장처럼 내가 서 있는 이 호수도 숲도 온통 새하얗다. 시마무라와 게이샤, 우수에 젖은 서정도 하얗게 살아난다.

고요히 깊게 물을 가리고 있는 하얀 호수. 겹겹 쌓여 있는 그 눈 위에 누워 하늘을 쳐다보았다. 등 뒤가 푹신하다. 서늘해 오는 등 뒤 만큼이나 퍼렁 하늘이 흰 구름을 몽땅 호수 위에 쏟아 놓고 다가온다. 저 허공을 날고 싶다. 눈을 하늘에 던졌다. 몇 번이고. 눈송이들이 파삭 부서져 내 몸, 내 얼굴로 쏟아져 내린다. 나의 파토스를 재우듯 눈가루는 살을 날카롭게 베고 가슴을 시리게 한다. 삶의 껍질을 벗어 놓은 듯한 오토마츠의 눈 덮인 마지막 모습이 슬프다. 그러나 그의 장인정신, 적요하도록 아름납나. 노벨문학상까지 받은 가와바타 야스나리. 그는 왜 자살을 했을까. 생각해 본다. 어떤 격정이. 삶을 놓으려다 못하고는, 세상을 향해 속이 하얗도록 토해 울며, 그 세상과 타협하려던 젊은 시절들. 그런 격정들이었을까.

격렬한 야성이 호랑이로부터 포획물을 얻게 한다. 어쩜 지나온 나의 격정들이, 고뇌들이 지금 문학을 하게 했는지도 모르겠다. 눈을 바라보고 있는 저 문우들도 살아오면서 겪은 이런저런 격정열애들이 삶의 한 부분으로 승화되었을 것이다. 포획하기 위한 웅크림, 격정 뒤에 오는 적막감, 그것은 또 다가오는 삶을 위한 마음의 한 층 켜일지도 모른다. 그 웅크림, 적막함처럼 호수가, 세상이, 두텁게 흰 눈을 받아들이고 있다.

문학인으로 그동안 굼뜨던 나의 내면이 오랜만에 눈을 뜬다. 하얗게, 조용히, 차갑게, 나직이. 호수 가득 쌓인 눈처럼. 낮고 묵직한 초저주파로 동물의 근육을 마비시키는 백호의 첫 포효처럼. 소리는 주파수가 낮을수록 더 멀리 전파된다. 그래서 호랑이 울음소리는 멀리 떨어진 숲에서도 들을 수 있다. 나도 호랑이 해에 태어났다. 올 한 해는 그렇게 낮고 묵직하게 내 안의 세계를 향해 포효하고 싶다.

어떤 반항

작은딸에게 침례식 날 선물로 주었던 국화가 맥없이 꽃병에 꽂혀 있다. 아침에 갈아 준 물이 소용없는지 꽃잎 끝이 누렇게 말려 가고 줄기는 잎들을 떨어뜨리고 있다. '썩어 가는 줄기 밑을 잘라내고 신선한 물로 갈아 주면 조금 더 버티지 않을까.' 하는 바람으로 꽃을 버리지 않은 것이다. 난 병에 꽂는 꽃을 그리 좋아하지 않는다. 잠깐의 아름다움에 이어 곧 부패로 물크러질 줄기의 미끌거림과 역겨운 냄새가 연상되기 때문이다. 내일은 뭉그러진 하나의 생명을 쓰레기통에 버려야 한다. 꽃이나 인간이나 유한한 존재임에 서글프다. 오늘도 시간이 가고 또 하루가 가고 곧 한 해가 갈 것이다.

'인간은 출생하는 동시에 죽어 간다.' 라는 표현보다 '출생은 죽음과 함께 태어난다.' 가 나를 덜 고독하게 한다. 문장의 표현이야 어떻든 '죽음' 을 말하려는 것인데, 서술어에 신경이 간 것은 나이를 먹어감에 대한 어떤 절망감의 반항은 아닐까. 40대, 50대, 60대 10년마다 넘어가는 나이 고개. 살이 베인 사실보다 칼이 실을 베는 상상이 더 끔찍한 것처럼 앞으로 생소한 숫자로 불려질 나이로 싫은 기분마저 든다.

딸이 통일전망대로 수학여행 갔을 때 이야기를 한다. 그곳은 이념으로 총부리를 맞댄 더 갈 수 없는 남한 땅 끝이라는 생각에 긴장을 했는지, 전망대로 올라가는 길목에서 본 한 평범한 글귀에 두려움을 느꼈다고 한다. '이 곳은 마지막 화장실입니다.' 중학생인 작은딸이 한계성이 그어지자 순간 절망과 무서움을 느낀 것이다. 그런데 구경을 마치고 내려오는 길에 다시 본 그 두렵던 글귀의 화장실이, 아이러니하게도 집으로 가는 첫 번째 화장실이 되어 기분이 묘했다고 한다. 처음이 마지막이 되고 마지막이 처음이 될 수 있는 것. 40대 끝이 50대 시작이고 50대 끝이 60대 시작이다. 숫자보다 '시작이다.' 라는 서술어에 더 힘을 주어야 함이, 세월의 한 고개를 넘는 내가 할 일이다.

노란색과 말라 버린 갈색 꽃잎들이 뒤섞여 산 것도 죽은 것도 아닌 채 국화는 정물처럼 흰 벽지 앞에서 햇빛을 받고 있다. 삶과 죽음은 절대적 대립 관계이지만 결국 그 둘은 한 몸이라는 현인들의 사세구(辭世句)가 떠오른다. 나이를 먹어 가는 것도 같은 이치일 것이다. 이미 나보다 앞서 많은 나이 고개를 넘어간 사람들의 지혜로움에 겸손한 마음이 든다. '나이를 먹어 가는 것은 늙어 삶을 잃어 가는 것이다.' 라는 공식을 세워 한숨을 쉬는 것보다 '나이는 삶들 중의 한 부분일 뿐이다.' 로 바꿔 생각하니 기분이 훨씬 좋아진다.

보내고 싶지 않은 이 해에 저항하듯, 스러져가는 국화에 물을 갈아 주었지만 이제는 꽃을 버려야 겠다. 그때 난 분명히 쓰레기통 안의 부피를 줄이려고 그 어여뻤던 꽃의 몸뚱이를 마구 꺾어 쑤셔 넣을 것이다. 안쓰러움을 느끼며. 하지만 그 꽃은 침례식의 선물로 우리 가족에겐 큰 기쁨과 성스러운 의식으로 존재하다 소멸한 의미로 남는다. 되풀이되는 나이 고개도 결국 저 꽃처럼 나를 스러지게 할 것이다. 이런 생멸로

'한계존재' 라는 긴장된 의식은 두렵지만 삶을 더 충실하게 하는 힘이 되기도 한다. 뿐만 아니라 숫자로 먹는 객관적 나이도 있지만 '마음은 청춘' 이라는 주관적 나이도 있지 않은가. 작은딸의 새로운 삶을 시작하는 침례식처럼 세월의 고개를 넘을 때마다 새로운 삶의 의식으로 생각하고 '마음은 청춘' 이라고 웃으며 오늘 하루를, 올 한 해를 보내 버리는 것이다.

전영구

창 작 노 트

걷고 걸어도 끝이 보이지 않는 언어의 길
그 길 한복판에서
지금도 서성이는 자신이 부끄러워
멈칫 서 있다.
언제나 –

詩

隨筆

01

그립다

함께할 때보다
홀로 빠져 있었을 때가 그립다

닿지 않는 사랑을 당겨 놓고
속박으로 일관된 소유의 억지를 던지고
둘레를 벗어남과 동시에
이별을 들이대던 서툰 시절에
눈물로 아픔을 씻어내던 그대 모습이 그립다

뭘 닮아
여린지 –

갸우뚱했던 고개가
새벽이슬 스침에도 떠는 잎처럼
입술의 다가섬에도 붉어지던 모습에
끄덕임으로 변하던 시간들이 그립다

한때
그대였던
그대가 그립다

02

미련한 사랑

사랑 옆에 서서
사랑 저물고 난 자리를 본다
이별에 깔려 몸부림치는 사랑을 본다
그간
헤아리지 못한 갈등이 삐져나와 손가락질로
분을 토하고
다 털어낸 애증이 눈가에 흩날린다
사랑은 울고
이별은 눈을 감고
멀거니 서서 바라보는 다른 눈물은
어둠을 주섬주섬 집어 든다
쉬이 잊혀질까 하는
까닭 모를 의문만 갈 곳 없이 떠돌고
이별보다 먼저 던져 놓은 나만의 매듭이
막막한 어둠에
지
금
도착했다

간신히 라도 잊으면 된다

03

사랑, 이데아

꼭 이어야 하고 반드시 라야 하는 사랑
언젠가이기 보다는 결국 이라는 사랑
잠시 머물렀다 가더라도
회귀의 여운은 남기고 가는 사랑
가난한 가슴을
모두 잃은 가슴을
한 번의 숨결로 덮어 주는 사랑

꿈 같은 사랑

이별의 음해가 지천인 뇌 구조 속에서도
무의식적으로 운명을 당겨
사랑만을 위해
사랑을 하는 통속적인 의식
두려움 없이
위태로움이 없이
소유한 모두를 버리고
그대를 택하는 용기만은 가상한
익숙하지 않은 사랑

재앙 같은 사랑이 될지라도
선택에 의무를 부여하는

혼자 하는 사랑

04

이유

사랑이 아픔을 달고 사는 이유는
눈물을 닮았기 때문이다
자기 표현만 불쑥 내미는 이기적인 설정

도도함을 내세워도
측은함을 내세워도
쉽게 움직이지 않는 사랑이
시야를 가리는 액체 앞에만 서면
흔들리는 까닭은
아픔을 아는 아픔에 있다

여림을 무기로 한 일방통행적인 사고

사랑이 사랑을 버리지 못하는 이유나
사랑이 사랑에 떨고 있는 이유나
미움이 사랑의 그림자로 살며 떠나지 않는 이유를
그리움은 안다

끝내
눈물이 되고 마는
그리움만 안다

사랑하기에

흔하게 쓰이는 단어 중에 서열을 논한다면 사랑은 몇 위쯤 될까? 태어나 죽는 날까지 사랑한다는 말은 몇 번쯤 사용할까? 사랑이 주는 의미, 사랑 없이는 살 수 없다는 말과 사랑이 밥 먹여 주느냐는 말이 주는 이면에는 어쨌든 간 인간의 삶에 사랑이 이입되지 않고는 살 수 없다는 결론을 내릴 수가 있다. 간혹 신문지상이나 매스컴을 타고 흐르는 몇몇 연예인들이 초를 다투는 결별의 이유로 사랑하기에 헤어진다는 알쏭달쏭한 말을 내뱉는다. 배부른 자들의 일성一聲이 아닌가 싶다. 절실한 사랑이 무언지를 안다면 그런 망발로 들리는 말은 그리 쉽게 하지 못할 것이라는 생각이 든다. 사람이 살다 보면 이성 간의 만남에서도 스치듯 지나가는 인연이 있는가 하면 단 한 번의 만남으로도 첫눈에 반해 죽기 살기로 대시를 해 사랑을 쟁취하는 예가 있다.

한결같이 한 사람을 바라보고 그 사람의 표정에 따라 웃고 울며 지내며 주어진 여건은 아랑곳없이 사랑한다는 이유만으로 많은 것을 희생하며 따르는 순애보적인 사랑이 이 시대에도 가능할까?

얼마 전 TV의 한 프로그램에 출연해 사는 이야기를 펼치다 눈물을 흘리던 한 연예인 부부의, 특히 아내의 헌신적인 사랑은 그야말로 사랑이 없으면 불가능한 사연 같았다. 한때 듀엣으로 댄스뮤직계의 독보적인 위치를 굳히며 댄싱머신이라고 까지 불리던 가수가 불의의 오토바이 교통사고로 중태에 빠져 사경을 헤메이다 하반신 마비라는, 댄스가수로는 치명적이기는 하나 극적으로 살아난 뉴스를 접했는데 그 중에서도 백댄서 출신이자 연인 관계인 여인의 극진한 간호가 화제가 된 일이 있었다. 사랑하는 이의 곁을 떠나지 않고 재활에 성공시켜 휠체어에 의지한 채 다시 가수로 활동할 수 있게 만든 장본인, 그녀의 눈물 젖은 이야기는 많은 이로 하여금 같이 눈시울을 적시게 했다. 아이를 갖기 위한 노력과 실패에 따르는 절망감, 표현이 서툰 남편에 대한 서운함, 근거 없는 루머로 인한 주위의 수군거림에 입은 상처 등 많은 일이 있었지만 그 또한 잘나가던 댄서로 인정을 받던 시기에 닥친 일들을 잘 극복해 고교생 시절부터 품어온 첫사랑에 대한 연정을 잘 지키고 있고 지금은 웃으며 지난 시절을 회상하지만 사랑을 지키기 위한 여린 여성의 집념 어린 노력은 박수를 받아 마땅하지 않을까 싶다.

요즘에 여성들이 흔히 내세우는 조건에는 많은 것들이 있다. 상대자의 키는 180cm가 넘어야 하고 재산은 어느 정도여야 하고, 장남은 외면당하는, 그 사람이 지닌 성품이나 미래의 비전은 보려 하지 않고 그저 눈앞에 보이는 화려한 조건만을 찾는다는 것이다. 실제로 대학에 다니는 한 여대생이 '키 작은 남자는 루저(loser)다.' 라는 발언으로 파문을 일으킨 바도 있다. 직역을 하면 키가 작으면 쓰레기고 범죄자라는 뜻이다. 혀를 찰 노릇이다. 세상에 많은 사람들이 조건에 맞는 인연을 찾는다면 그건 맞춤사랑이지 결코 아름다운 사랑이 될 수는 없을 것이다.

사랑하기에 사랑하며 살 수 있는 행복은 누구나 누릴 수 있는 것이 아니다. 그만큼의 노력이 있어야 가능한 것이다. 의미 없이 사랑만 찾는 무모함의 끝은 쉽게 시든 감정의 찌꺼기만 쌓여 미움과 후회만이 남아 있을 뿐이다. 사랑, 그것은 누구나 부르짖을 수 있는 만인의 공통어지만 느낌을 공유하며 싹튼 애틋한 감정의 결실은 아무나 소유할 수 없다는 걸 알아야 한다.

사랑하기에 사랑한다는 진리는 굳건히 지킬수록 더 빛을 발하며 세상에 그 무엇과도 바꾸지 않을 소중한 자산이 되어 세상 모두를 아름답게만 보이게 할 것이다. 사랑하기에 헤어진다는 치장된 언어보다는, 사랑한다면 모든 조건은 접어 두고 사랑을 지키기 위한 노력이 먼저 선행되어야 할 것이다. 그래야 참다운 사랑의 열매를 맺고 행복하다는 미소를 언제, 어디서나 누구에게나 자신 있게 내보일 수 있는 자신감을 덤으로 얻게 되는 것이다.

사명

의지보다 더 강한 신념으로 살아가는 사람들, 위대함을 넘어 그들의 행보에 무한정의 존경을 보내고 싶을 정도로 자신의 삶에 흔들림 없이 바른 선을 긋고 꼿꼿하게 살아가는 데에는 어떤 마음가짐이 있어야 하고, 얼마만큼의 굳은 다짐이 있어야 할까? 아마도 스스로 느끼며 다짐하는 사명감이라는, 정열이 넘치는 에너지원이 있어야 가능하지 않을까 싶다. 자신에게 주어진 사명을 몸소 실천하는 사람, 요즘 시대에는 눈을 씻고 봐도 보이지 않는 안타까움이 있다.

날이면 날마다 미디어를 통해 알게 되는, 특히 사회 지도층이 보여 주는 행적은 작태라는 말이 잘 어울릴 정도로 도가 지나쳐 한숨을 짓게 한다. 고위급 공무원은 물론, 때가 되면 머리 조아리고 굽신대며 국민의 심부름꾼이 되겠노라고 연신 핏대를 올리던 국회위원들도 몇 달이 지나면 기름진 얼굴로 TV 뉴스에 나타나 국회 활동에 대한 이야기나 민생안정에 책임을 져야 하는 사명은 어디에도 없다. 선거법 위반이니, 뇌물수수니 하며 조사를 받으러 가는 와중에도 "얼마를 받았습니다.", "잘못했습니다."가 아닌 시종일관 떳떳하다며 한 점 부끄럼이 없으니 검찰에서 다 밝히겠다며 보무도 당당히 걸어 들어간 후 열이면 열 명 대부분이 "국민 여러분께 면목이 없습니다. 죄의 대가를 치루겠습니다." 하며 포승에 묶여 호송차 속으로 사라진다.

하긴 백년지대계百年之大計라는 교육을 이끌고 나갈 수장이라는 사람도 뇌물의 추문에 휩싸이니 무슨 할 말이 있겠는가. 무얼 가르치고 무얼 배우라 하는지 참으로 슬픈 일이다. 무엇이 그들로 하여금 국민과 교육을 위해 일하라는, 국민이 준 사명을 저버리고 추잡한 뇌물과 공탁에서 자유롭지 못하며 눈에 뻔히 보이는 범죄를 저지르고 스스로 영어의 몸을 자처하게 하는 걸까? 그들 대부분이 사회적으로나 경제적으로 아쉬울 것이 없어 보이는데도 말이다. 이는 곧 돈의 힘이나, 우리나라의 고질병인 학연, 지연이 가져다 준 손쉬운 성취의 맛을 보았기에 무리한 출세를 향하여 무분별한 욕망만을 추구하기 때문일 것이다. 서민을 위해, 서민의 꿈인 자식들의 교육을 위해 흙먼지 날리는 운동장에서, 탁한 공기 가득한 교실에서 초롱한 눈망울들과 함께 호흡을 맞추며 가르침이라는 사명을 가슴 깊이 새기며 희생하시는 일선 교사들의 일상은 존경받아 마땅한 일이다.

얼마 전 초등학교 4학년인 아들이 종이를 불쑥 내밀며 뭔가를 기대하는 눈빛으로 나를 바라보며 연신 들뜬 모습을 보이길래 읽어 보았다. 겨울 방학 중에 담임선생님의 인솔 하에 원하는 반 친구들과 모 놀이동산으로 눈썰매를 타러 가기로 한 신청서라며, 꼭 가고 싶다고 한다. 방학이면 담임선생님도 모처럼 휴식일 텐데 왜 사서 고생일까 싶어 "보내도 돼?" 하며 아내에게 물으니 걱정 말라며 자주 있는 일이라 하며 "그 선생님은 천상 선생님이신 것 같아요." 한다. 쉬는 토요일이 오면 역사탐방이나 생태환경 체험 등 많은 일들을 계획해, 어린 제자들에게 지식 습득과 영원히 기억될 추억 거리에 자신에게 주어진 휴식의 시간을 할애하고 계신 터였다.

그 일이 있은 후 출발 하루 전부터 폭설이 내려 걱정을 하고 있는데, 출발이 취소됐다는 선생님의 전화와 함께 괜찮으시면 내일 눈썰매장 가는 복장으로 학교 운동장으로 보내 주십사 한다. 영문을 몰라 다음날 아들을 보내고 궁금해 뒤쫓아가 보니 운동장에 이미 치열하지만 웃음이 넘쳐 흐르는 눈싸움이 벌어지고 있었다. 선생님도 아이들도, 아니 누가 선생님이고 학생인지 모를 즐거움만이 날아다니는 행복의 장이 열리고 있었다. 폭설로 인해 일정이 취소가 되어 실망하고 있을 어린 제자들을 위해 운동장에서 위로의 눈싸움을 벌이고 계신 거였다.

문득 지난 봄 아들을 통해 한 시간 정도 글을 잘 쓰는 방법에 대해 강의 좀 부탁한다는 전갈을 받고도 요런 저런 핑계를 대며 거부했던 일이 낯 뜨겁게 느껴졌다. 알량하게 시 몇 줄 쓴다고, 그나마 건네 온 제의인데 작은 도움을 줄 기회마저 거부한 자신이 얼마나 부끄러웠던지, 나도 모르게 멀리 보이는 선생님께 고개가 숙여졌다. 얼마 전 우연히 마주친 자리에서 "힘 안 드세요? 주말에는 쉬셔야 할 텐데." 하니 " 저도 즐거워서 하는 걸요." 하시던 미소 가득한 얼굴이 떠올라 아들을 맡긴 부모로써가 아니라 같은 남자로써 근접할 수 없는 무언가를 느낄 수 있었다.

교육이라는 사명, 특히 일선에서 어린 새싹들의 인성을 책임져야 하는 교육자라는 사명감으로 당당한 체구만큼이나

선봉에 서서 아이들을 바른 길로 이끌어가기 위해 자신의 시간과 정열을 쏟는 선생님의 가슴을, 앞서 법 앞에 고개 숙인 자들에게 펼쳐 보여 줄 수는 없을까 하는 아쉬움이 있다. 다짐 하나로, 사랑하는 마음으로 살기는 그리 어렵지는 않을 것이다. 그러나 자신으로 인해, 자신을 보고 배우는 이들에게 모범을 보이고 솔선수범해 나가며 자기를 희생해 참 교육을 실천하는 것은 사명감이 없이는 불가능한 일이다. 지난 일 년 모처럼 마음 편히 학교를 보내고 걱정 없는 날을 보낼 수 있음이 감사할 따름이었다. 아마도 많은, 훌륭하신 선생님 중에서 그래도 남자 아이에 남자 선생님이기에 한편으론 더욱 너 믿음이 충만했으리라.

'자신이 아닌 남을 위하여' 라는 특별하게 주어진 사명은 곧 자신에게 온 운명이다. 운명을 거스르는 일은 곧 자신의 존재성을 포기하는 것이다. 무엇을 위해도 좋고 누구를 위해도 좋지만 자신의 정체성을 버리는 일은 하지 않아야 사명을 이루는 길이며, 그것이야말로 자신을 위한 참 길인 것이다.

김태실

창 작 노 트

시간의 여행자인 우리의 삶은
꽃 한 송이 아름답게 피워 내는 일이다.

詩

隨筆

01

제부도

어머니 있다
가슴에 끌어 덮은 이불 걷어내
하루에 두 번 탯줄로 이어진 길 보여 주며
언제라도 오라 한다
삶에 찌들어 무심했다
본향이 어딘지 잊고 살았다
일 년에 한 번 그 품 찾으면
맨발 드러낸 채 반기는 사랑
태평양 허리에서 일군 숨통 트이는 위로
온몸 쓸어 주고
질퍽한 가슴 내어 주어 마음껏 주무르라 한다
유두에서 솟는 뽀얀 젖 방울처럼
바다 속 휘돌아 나온 영양 덩어리
품어 안은 조가비 일생 귀 닳도록 듣다 보면
어느새 달려온 물꽃 이불
출렁이는 양수로 감싸 안는다
이거다
양수에 갇혀 새로 나는 일
새로 태어나 새로 사는 일
그 품에 실컷 나를 헹구고
다시 탯줄을 걸어 세상살이로 나온다

매일 당신의 속 보여 주고 가리는
가렸다 보여 주는
태반 거기 있다

02

탁구대

탁구공이 오간다
이쪽에서 저쪽으로
저쪽에서 이쪽으로
한쪽이 실수를 하거나
한쪽이 스트라이크를 날릴 때까지
멈추지 않는다

작은 공의 소리를 듣는다
굴곡 없이 편안한
모서리를 맞고 튕겨나가는
깨지듯 날카로운
빙그르르 돌며 구르는
소리를 줍는다

멍석처럼 펼쳐진 가슴 위에서
쉴 사이 없이 오가는 공의 무게
때론 가벼웠다가
때론 무겁다

게임 끝난 탁구대 위에는
삼킨 소리가 오간다
멈추지 않는다

가슴과 가슴으로

몸의 중심은 가슴이다. 가슴 속에는 심장이 숨을 쉬고 있다. 모든 생물은 심장이 박동해야만 살아 있다고 말할 수 있다. 심장이 있는 가슴을 맞대고 행복을 느낄 수 있는 사람이라면 그 가슴은 가슴을 넘은 사랑의 소통이다. 사랑은 힘이 있다. 기쁨이 충만한 사랑은 뜨거운 가슴 없이 이루어질 수 없는 것, 심장의 고동을 느낄 때 사랑할 수 있는 충분한 조건이 된다. 삶의 가치를 깨닫고 그 길을 함께할 따뜻한 포옹이 있다면 사랑은 사랑을 뛰어넘어 생명을 나누는 일이다. 사랑하기에 하나처럼 끌어안고 죽기도 하고 살기도 한다. 그렇게 나눈 사랑은 인류 역사에 아름다운 꽃 한 송이로 피어난다.

1995년 10월 조산아로 태어난 쌍둥이 자매가 있다. 한 아기는 정상이었고 다른 아기는 생명이 위험했다. 맥박 호흡 혈압이 경고 수치를 넘어 위급한 상황에서 아기 둘을 하나의 인큐베이터에 넣는 최선의 방법이 택해졌다. 하루하루가 지나자 누가 시키지 않았어도 정상인 아기가 약한 아기를 감싸 안았다. 약한 아기는 정상 아기의 가슴에 안겨 시간이 지날수록 정상으로 돌아왔다. 건강한 아기의 심장 소리를 들으며 생명을 회복한 것이다. 어떻게, 무엇을 나누었는지 알지 못한다. 얼마나 큰 힘과 위로가 함께 했는지도 모른다. 다만 꺼져 가던 생명이 살아날 수 있었던 그 포옹은 생명을 구하는 포옹이 아닐 수 없다. 생명 나눔의 열매인 것이다.

이탈리아 북부 만토바에서 얼굴을 마주한 채 포옹한 남녀의 유골이 발견됐다. 신석기 시대의 유골이 이처럼 함께, 더군다나 포옹하고 있는 형태로 발견되기는 처음이다. 유적을 발굴하던 고고학 연구팀은 이 유골들이 5천 년에서 6천 년 전의 것으로 추정된다고 밝혔다. 젊은이들로 보이는 유골은 가슴과 가슴을 맞대고 몸이 얽혀져 있었다. 무슨 사연이 있었을까. 서로 끌어안은 채 죽음을 맞아야 할 일은 무엇이었을까. 죽음 앞에서 혼자가 아닌 둘이라는 것이 얼마나 큰 위로가 되었을지 생각해 본다. 어둡고 차디찬 땅 속에 심겨져 아무도 모르게 감춰졌다가 수 천 년이 지난 후 피어난 한 송이의 꽃, 영원한 포옹의 꽃이다. 비록 몸은 어쩔 수 없이 흙에 덮어졌다 해도 그들은 사랑으로 자유로웠으리라.

오랫동안 직장 생활을 해온 남편이 깊은 중년이 되어 퇴직을 했다. 기술직으로 새로운 곳을 알아보아도 나이에 걸려 들어갈 곳이 없다. 거의 매일 일정한 장소에서 함께 직장생활하던 사람들과 만나고 오는 것이 유일한 낙이다. 같은 입장에 있는 사람들이 마음을 털어놓는다는 그곳에서 막걸리 몇 잔의 위로를 받곤 한다. 자신의 능력을 발휘할 수 없는 사회, 할 일 없이 집에서 지내는 처지가 되었다는 것을 힘들어 했다. 우울하고 푸념적으로 변하는 남편을 보면 애잔한 마음이 든다. 말없이 남편을 안아 준다. 가슴과 가슴을 맞대고 한참을 그렇게 있다. 그의 마음이 누그러지고 편해지기를 바라는 간절한 기도의 행위다. 충분히 수고했다고 그의 등을 토닥인다.

렘브란트의 '돌아온 탕아' 성화를 볼 때마다 많은 생각을 한다. 무릎을 꿇고 아버지 가슴에 얼굴을 묻은 아들, 화려했던 옷은 누더기가 되었고 신발은 헤져 뒤창이 떨어져 나가 있다. 아버지에게서 물려받은 자기 몫을 가지고 집을 나가 객지에서 탕진하고 만신창이가 되어 돌아온 아들이다. 죄수처럼 박박 깎은 머리를 품어 안은 아버지, 어깨를 쓸어 주는 아버지의 손길에 사랑과 용서가 담겨 있다. 아버지의 심장박동 소리를 들은 아들은 비로소 포근함과 아늑함을 느꼈으리라. 미처 깨닫지 못했던 사랑을 확연히 알게 되었으리라. '돌아온 탕아' 성화는 늘 아버지의 마음을 읽게 한다. 그 사랑 안에 있다는 것을 확인하게 하고 마음의 눈으로 아버지를 바라보게 한다. 가슴에 기도의 꽃 피우게 한다.

가슴과 가슴을 맞대는 포옹은 우리 영혼을 살게 한다. 어떤 어려움에서도 손잡아 일으켜 세우는 위로다. 내딛는 발걸음에 힘이 되고 그 몸짓에 삶의 가치를 부여한다. 포옹은 생명이고 사랑이고 자유다. 죽음조차도 갈라놓을 수 없는 믿음이다. 누가 뭐래도 자신의 중요성을 알게 하고 존재의 의미를 일깨우는 가르침이다. 삶이 고달프지만은 않다는 용기를 주는 포옹은 누구나 누려야 할 행복이 아닐까. 부모가 자식을 자식이 부모를 안아 주고 부부가, 형제가 가슴을 맞댈 때 가정과 사회는 평화로울 것이다. 평화의 기운이 감돌아 반짝이는 희망으로 가득 찰 때 세상은 사랑의 향기로 가득하리라. 우리의 삶은 꽃 한 송이 아름답게 피워 내는 일이다.

마지막 밥상

사람과 사람 간에 정을 더 이상 나눌 수 없게 된 단절의 아픔은 크다. 살아 있다면 언젠가 다시 소통할 수 있겠지만 죽음 앞에서 '다시 만남' 이란 허락되지 않기에 더욱 그렇다. 나무에 달려 있던 수많은 잎들이 가을이면 물들어 화려하게 타오르다가 속절없이 떨어져 내리는 것처럼, 사람은 어김없이 떠나야 할 때가 있다. 막상 떠나야 하는 시간이 되었다 해도 누군들 떠나고 싶겠는가. 그러나 가는 사람을 가지 못하게 막을 수 있는 방법은 없다. 때가 되어 가는 그가 남은 사람들에게 서글픈 이별을 고하며 차마 떨어지지 않는 발길을 돌릴 때 음식으로나마 마지막 인사를 대신하는지 모른다. 가는 사람의 평안을 위해 기도하는 마음으로 남은 사람들은 음식을 먹는다. 죽음이 주는 이별 법에 길들여지면서 그 이별을 준비하는 순리에 눈을 뜨는, 그것이 삶이다.

축구에 대한 열정이 가득했던 사람이 있다. 축구 경기 사진을 카메라에 담은 사람, 3년 동안 암 투병을 하며 마지막 남은 힘까지 축구 사랑에 쏟다가 호스피스 병동에 입원해서야 전시회를 준비하게 된 신인기(프란치스코) 축구 사진 기자가 그이다. 수원 삼성 블루윙즈 축구단 명예기자로 10년 동안 활동하던 그가 수원가톨릭사진가회에 입회하면서 우리의 만남은 시작되었다. 그는 대쪽같이 곧은 성품으로 흐트러짐 없는 길을 걸었고 다른 사람의 힘겨움을 짊어져 주는 의리 있는 사람이었다. 그런 그가 카메라에 담았던 경기 장면과 선수들의 모습을 전시한 것이다. 수원 빈센트 병원 로비에서 1차 전시회 오픈식이 있을 때 휠체어를 타고 마스크를 한 모습으로 참석했던 그는 2차 전시장 뽈리 화랑에서 오픈식 하는 날 세상을 떠났다. 행사장은 눈물의 장소가 되었고 그의 작품은 유고작으로 남게 되었다. 40대 중반인 그는 이미 떠날 것을 짐작했는지 행사장에 훌륭한 뷔페 음식을 차리게 했다. 주인공 없는 음식을 먹으며 우리는 울었다. 떠나가는 사람이 베푼 마지막 식사는 모세혈관 속에 남아 그를 그립게 한다. 거부되지 않는 길에 대해 준비하게 한다.

오스트리아 비엔나 슈테판 성당 앞에 음식점이 있다. 한국의 아는 사람 소개로 찾아간 식당 코코로(kokoro)는 예약하지 않으면 식사할 수 없을 작은 곳이었지만 우리 일행 21명 모두가 감탄한 최고의 맛이었다. 한국인 주인 여성은 곱고 세련되었으며 그의 남편은 별5개 호텔 주방장이었다고 했다. 음식마다 예쁘고 깔끔하고 맛이 있었다. 한 잔의 와인을 곁들인 그날 저녁식사는 현지식 중에서 가장 기억에 남는 음식이었다. 한국에 돌아온 며칠 후 그 주방장이 이 세상 사람이 아니라는 소식을 들었다. 우리와 함께 사진을 찍고, 음식에 대해 맛있다고 인사하면 푸근하게 웃어 주던 주방장이 우리와 만났던 다음 날 심장마비로 갑자기 세상을 떠났다는 것이다. 결국 우리에게 마지막 식사를 준비해 준 것이다. 한참을 멍한 상태로 마치 꿈같은 그날의 상황을 그렸다. 현실이 꿈처럼, 꿈이 현실처럼 섞여졌다. 어느 것도 영원히 존재할 수 없다는 생각이 마음을 다지고 또 다지게 한다.

비엔나 중앙묘지에는 많은 사람들이 잠들어 있다. 역대 오스트리아 대통령을 비롯해 유명한 정치가, 예술가, 일반 시민들의 묘가 길 하나를 구분으로 어울려 있다. 우리나라처럼 봉분을 하지 않고 평평하게 돌 뚜껑을 덮거나 꽃밭을 꾸민 묘에 조각 작품 같은 비석이 예술이었다. 32-A 구역은 음악가의 묘역이다. 베토벤과 슈베르트, 요한 스트라우스의 비석 앞에는 사람들이 다녀간 흔적으로 꽃이 놓여 있었고, 시신이 어디 있는지 모르는 모차르트의 가묘에는 그의 악보를 들고 있는 부인의 동상이 기념비와 같이 있을 뿐이었다. 수많은 음악가들이 안식을 누리고 있는 중앙묘지에 아침 햇살이 피어오르고 옅은 안개가 서서히 사라지고 있었다. 이들은 혼신을 다한 열정으로 음악가의 길을 걸었다. 우리는 그들의 음악을 들으며 힘을 얻고 행복을 느끼니 영혼의 식사를 하는 것이 아닐까. 사람은 떠나도 예술은 남는다더니 그들의 열정은 영원히 사라지지 않을 음악의 밥상이 되어 우리를 깨운다.

결국 모든 사람은 마지막 밥상을 차리게 된다. 얼마나 많은 사람에게 어떻게 대접하는가는 삶이 말해 줄 것이다. 매 시간 단 20초 동안 '허영과 재산이 모두 필요 없다' 는 것을 알려주는 600년 된 프라하의 천문시계를 생각한다. 정시가 되면 죽음을 상징하는 해골 인형이 종을 치고 2개의 창문에는 예수의 12제자가 차례로 창문에 나타났다 지나간다. 시계 왼쪽에 허영을 상징하는 거울을 보는 인형과 탐욕을 상징하는 돈 자루를 든 인형이 있고, 오른쪽에는 터번을 쓴 크르드족 인형이 악기를 쥐고 있다. 마지막으로 맨 위에 앉아 있던 황금 닭이 길게 우는 것으로 20초의 광경은 끝이 난다. 벌떼처럼 모여들었던 사람들이 사라져 간 자리에 허무와 고독이 남는다. 현실을 사는 우리에게 죽음이 멀지 않다는 것을 깨우쳐 주는 시계 앞에서 마냥 즐거워할 수만은 없었다. '고독한 것은 삶을 마음 깊이 느끼며 더 진실하게 살아갈 수 있는 것' 이라고 노래한 용혜원 시인의 시를 음미하면서 언젠가 차려야 할 나의 마지막 밥상을 생각한다. 하고많은 날 중의 한 날이 될 그날을 준비하는 마음으로 오늘을 산다.

햇살

햇살 그리운 날이 있다. 하늘이 잔뜩 흐릴 때 촘촘한 빗살 머리에 이고 싶은 날이 있다. 비 오고 바람 부는 쓸쓸한 날에 햇살이 더욱 그립다. 온몸에 신열이 나고 바튼 기침으로 정신 없을 때, 짓눌리는 삶의 무게에 갈팡질팡할 때 희망 같은 햇살은 필요하다. 사람의 삶은 춥고 어둡게 평생을 살아가지도 않고 일생을 기쁨만으로 살아지지도 않는다. 기쁨과 즐거움의 일기를 쓰다가 어느 틈에 칙칙한 겨울의 늪을 지날 때가 있다. 그럴 때 햇살은 숨통 트이는 밧줄이다. 그 밧줄 붙잡고 수렁을 건너면서 한 단계 성숙한 눈이 열리게 된다. 햇살은 삶의 에너지다.

바람을 타고 어디선가 날아와 내 집 화단에 꽃을 피우는 풀꽃처럼 미국으로 흘러든 부부가 있다. 아침부터 밤까지 열심히 살아가던 부부였지만 한 순간 찾아온 사고로 아내는 시력을 잃었고, 절망한 그녀에게 남편의 극진한 간호는 약이 되어 주었다. 건강을 회복한 아내는 다시 출근하기 시작해 손에 익은 일을 쉽게 해낼 수 있었다. 매일 버스를 타고 아내를 출퇴근시키던 남편은 한 달 만에 아내를 혼자 다니라 했다. 그날부터 아내는 남편의 도움 없이 생활해야 했다. 그러나 남편은 항상 아내 등 뒤에서 버스를 타고 넘어질까 지켜보며 함께 있었다. 앞을 보지 못하는 아내가 혼자서 일상생활을 해 나갈 수 있기를 바라는 남편의 마음이었던 것이다. 부부사랑이란 이런 것일까. 남편은 아내에게 햇살이 되고 있었다.

윤석인은 류머티스 관절염으로 몸이 굳어 13세 이후 직립 보행을 해본 적이 없다. 뼈마디를 갈아 내는 고통에 어둠 속으로 침몰해 가는 삶이었지만 미국 제임스 기본스 추기경이 쓴 가톨릭 입문서 '교부들의 신앙'을 읽고 빛을 찾게 된다. 박성구 신부와의 만남으로 그녀는 영성화가의 길을 걷게 되고 수녀가 됨으로써 헬렌켈러와 설리번선생 같은 관계가 되었다. 그녀는 침대에 누워 아기 손 같은 조막손으로 그림을 그린다. 중증장애인인 그녀는 그 모습 그대로 장애인에게나 비장애인에게 삶의 의욕을 일으켜 준다. 가톨릭 2,000년 역사상 처음 탄생한 사지 마비 수녀, 멀고 먼 길을 에둘러 치유된 영혼으로 돌아와 이제 상처 난 사람들을 치유하고 있다. 윤석인(보나) 수녀의 그림은 곳곳으로 퍼져 나가 사람들의 마음에 평화를 주고 그녀를 아는 사람들의 삶에 용기를 심어 주는 햇살의 역할을 한다. 우리의 삶이 절망할 수밖에 없는 어둠처럼 느껴진다 할지라도, 햇살을 향해 나아가고자 한다면 햇살 같은 밝은 삶이 될 것이다.

수필가이며 영문학자인 故장영희 교수를 생각한다. 그녀는 갓난아기 때 소아마비를 앓은 후 줄곧 목발에 의지해 살았던 1급 장애인이었다. 엎친 데 덮친 격으로 두 번의 암 판정을 받게 된다. 그 상황에 밝고 긍정적인 생각을 갖기는 매우 어려운 일이다. 그럼에도 불구하고 그녀의 영혼은 누구보다 자유롭고 맑았다. 그녀의 글은 생명의 소중함과 희망과 신뢰의 메시지로 가득했다. 잠시 떠나고 싶지만 영원히 떠나고 싶지는 않은 곳이 이 세상이라고 말하던 그녀가 세상을 떠난 지 벌써 1주년이 넘었다. 누구보다도 열정적으로 살았고 세상에 대해 한없이 따뜻한 눈길과 긍정적인 생각을 가진 소유자였다. 불행한 삶에도 나름의 가치와 희망이 있음을 끊임없이 증거하고, 참을 수 없었던 아픔조차도 건강하고 당당하게 전환시킨 그녀는 '희망을 버리는 것은 죄악이다' 라고 말했다. 그녀는 갔지만 그녀가 남긴 글은 사람들에게 또 다른 희망을 낳는 햇살이 되고 있다.

삶이 한결같은 것이 행복일까 아니면 한결같지 않은 것이 행복일까 생각해 본다. '장애물 하나 뛰어넘고 이젠 됐다' 하고 안도의 한숨 몰아쉴 때면 생각지도 않았던 또 다른 장애물이 나타난다고 말한 故장영희교수의 말처럼 삶은 장애물 경기다. 한치 앞을 분간하지 못할 어둠을 헤매다가 빛을 발견하면 순간 희망이 솟아나 어둠을 이겨낼 수 있듯이, 햇살은 죽음과 같은 고통을 이겨낼 수 있게 한다. 햇살을 생각하며 겨울의 삶을 뚫어 나가고 햇살을 그리며 고통의 터널을 빠져나간다. 햇살은 삶의 에너지다. 다만 햇살이 비춰도 햇살을 느끼지 못할 때가 문제인 것이다. 지금 아픔 중에 있고 지금 어깨를 짓누르는 삶의 무게에 다리 힘이 풀렸을지라도, 햇살 같은 희망 한 줄기 꼭 붙잡고 있다면 햇살 안에 들 수 있게 된다. 시간의 여행자인 우리에게 햇살은 삶의 이유이다.

곽영호

창 작 노 트

조각난 마음을
몇 년째 맞추고 있다

詩

가을 산이 붉어지는 까닭
때때옷
아내의 초상화
엄니

隨筆

개울에서 놀다, 왔다
구장 집 살구꽃

01 가을 산이 붉어지는 까닭

귀뚜라미와 풀벌레들이
가을 달빛을 보고 째지는 목소리로
푼수 없이 퍼붓는 아낙네의 잔소리마냥
몇 날 몇 밤을 들들 볶아댔다
저주하는 오뉴월 악담이었는지
끝내는
폭약을 장전한 서리가 하얗게 내려
아침햇살에 폭발을 한다
분통 터지는 가을 산 얼굴
붉으락푸르락 만 가지 색이다
들끓음이 서럽다
까칠하게 지껄이지 않고
따뜻한 손길로 꼬드기었으면
저리, 붉게 울고 가지는 않을 것을
모두가 만든 초사焦思
바양도 못 하는 염치다.

02

때때옷

매미가 벚나무 가지 위에다
여름 헌 옷을 홀딱 벗어 놓고 갔다
새 드레스로 새 옷차림 하고는
시집을 간 게다
시샘하듯 벚나무도
버찌 떨어진 자리에
빨간 스카프를 맨다
가을바람에 머리카락 날리며
멀리 떠나고 싶은 게다
갈래머리 땋은 여학생들
새 교복으로 갈아입고
가을나무 아래 모여 까르륵까르륵
옷치레를 한다
가을 축제 불꽃놀이 하는 밤
하늘도
꼬까옷 차려입고 고운 밤을 만든다.

03

아내의 초상화

코스모스는 들풀 속에서 태어나
풀섶이 고향이고 풀섶이 터전이다
아무도 꽃 정원에는 심어 주지 않는 꽃
여린 잎으로 할딱대며 물을 자아 올려도
물관은 텅 빈 빈 줄기, 야윈 얼굴
가을바람은 코스모스가 실하지 않다는 걸 안다
옆에 키 크고 마디 굵은 해바라기를
바라보고 하늘하늘 가을을 산다
힘든 일에 찌들어 허리 짤록한 일벌들과
속으로 울다가 목 쉰 풀여치와
아픈 다리 초록 옷으로 감추는 방아깨비
그들하고만 놀다가
가끔은 절집 마당 동자승하고도 논다

코스모스가 처음 만나 첫인사한 해바라기
풍선에 바람 넣는 허풍선이
가슴에 달아 준 풍선
해질녘에 터졌다, 지금
코스모스 가슴엔 풍선마저도 없다.

04

엄니

엄니 목주름 같이 껍질만 남은
우리 집 등나무
아버지가 받쳐 놓은 버팀대는
어느새 썩어
한쪽으로 기울어져 허릿심을 못 쓴다.
겨울이 길게 머물다 간 나무
남은 힘이 뭐 있다고
돌 자갈 위를 기어가면서도, 여전히
앞산만 하게 집을 짓는다.
덩굴손으로 바람을 잡아 기어오르고
별빛을 담아 촘촘히 엮어 만든 집
자줏빛 꽃등을 켜 놓은 여름날
짚 멍석을 깔고 찐 감자를 먹는다.
푸른 집 검은 밑동 끝에서
엄니의 젖은 발이 보인다.

개울에서 놀다, 왔다

풀잎에 하얀 이슬 맺히고 열매 익는 추석이면, 고향을 찾는 것이 누구나 하는 보통의 마음이며 인지상정이다. 고향에 집이 있고 부모형제가 있으면 밤길도 마다않고 불원천리 애타는 마음으로 찾아가지만 선산에 성묘만 하는 사람들은 밋밋한 일이다. 그래도 그 짓을 안 하면 빚진 사람처럼 개운하지가 않다. 막상 특별한 감흥도 없고 유별난 마음의 다짐도 없으면서도 때만 되면 가게 된다. 올해도 어김없이 찾아가 마을 앞에 흐르는 개울 길을 걸었다. 황소 한 마리 있어야 할 냇둑에는 가시덤불이 길을 막는다. 사라진 나의 유년의 앙금을 개울에서 찾아본다.

산이 있으면 기슭이 있고 기슭은 기기묘묘한 도랑을 만든다. 실핏줄 같은 도랑이 하나로 만나서 개울물이 흐른다. 좋은 샘물은 좋은 숲에서 솟는 법. 여간해서는 물 마르지 않는 내 고향 개천은 힘껏 솟아오른 높은 산 덕분이다. 개울이 모이면 시냇물을 이룬다. 시냇물은 모래톱도 있고 풍성한 몸으로 넉넉하게 흐르다가 강이 되고 강물은 바다로 간다. 위계질서가 사람 사는 세상 같다. 내가 못 잊는 개울물은 넓은 시냇물이 아니고, 움푹 파인 검은 몸을 산 그림자가 숨겨 주는 굽은 개울이다. 개울은 둑 위에 길을 만들고 동네를 감아 돌아 마을의 내력을 품고 있다.

그악스러운 인간은 이 세상 모든 것을 소유한다. 들에 있는 논과 밭은 물론 임자가 있고, 산에서 자라는 나무와 풀, 돌멩이 하나에도 주인이 있다. 하다못해 바다에 떠있는 무인도까지 차지하는 주인이 있다. 오직 임자 없는 것이 있다면 개울뿐이다. 탐욕스러운 인간이 내버린 개울은 가재와 송사리, 꽃과 나비, 물안개와 가느다란 물소리가 주인이다. 가끔은 때묻지 않은 동네 악동들과 빨래터에서 순박한 아낙네들이 빨래방망이로 앙다짐한 마음을 두들겨 풀고 가기도 한다. 그래서 개울은 평화와 맑은 이야기가 있는 곳이다.

갈대꽃 한 줄기 길게 꺾어 길라잡이를 시킨다. 졸졸 흐르는 맑은 개울물에서 지난 날 나의 물그림자를 찾는다. 내 발자국으로 반들반들 길들어진 징검다리도 건너 뛰어 본다. 파란 꿈을 꾸고 자라나던 개울 길이었는데 돌멩이도 물줄기도 낯설어한다. 이상한 나무들이 우뚝우뚝 서 있어 분간할 수 없게 어지럽다. 개울을 어떻게 보면 풍성한 젊은이 같고 어찌 보면 수척한 늙은이 같이 몸이 많이 변했다. 이제서 왔냐면 생트집하듯 하루살이와 파리 떼가 마구 달라붙어 발길을 옮길 수가 없다. 살금살금 그물 놓아 피라미 잡듯 옛 그림을 그려 본다.

개울에는 봄 아지랑이가 오래 머물다 갔었다. 나물 캐는 계집애들 뒤에는 언제나 버들피리 소리가 따라다니던 개울, 길은 좁았다. 하얀 찔레꽃 떨어지는 낙하산처럼 봄바람이 피워냈다. 언덕에 피는 찔레꽃보다 개울가에 피는 찔레꽃이 더욱 어린 가슴을 아리게 흔들어 놓던 개울 길. 찔레꽃과 물소리가 하던 말이 지금도 이것인지 저것인지 또렷이 분간 못하는 말이다. 그때도 종달새는 알아듣고 하늘 높이 날아올라 애태우던 말이었다.

여름이면 콧구멍만 한 개울이 참 재미있었다. 긴 장마 지나고 거친 물살이 움푹 파 놓은 산모롱이 웅덩이는 삼복더위를 사는 악동들에게는 여름궁전이었다. 좁은 풀섶길로 뛰어오다 남의 밭에서 서리해 온 파란 오이 몇 개, 노란 참외도 헤엄을 쳤다. 아까워서 먹지도 못하고 아끼다 떠내려가면 쫓아가 잡아오는 것이 하루 놀이였다. 사나운 빗물에 허물어진 붉은 산 절벽 위에 물총새 한 마리, 바지런한 새며느리 종종대는 발걸음처럼 악동들도 무섭지 않다고 퐁당퐁당 달려들어 생기 넘치는 여름 개울이었다.

개울 길은 가을 길이 절정이다. 큰물이 다 지나가고 나면 개울은 새 단장을 한다. 파릇한 물이끼가 다문다문한 개울 바닥 돌멩이들을 하늘거리게 화장을 해 준다. 어느 미용인이 그렇게 고운 빛깔로 부드럽고 멋지게 미용을 해 줄 수 있을까 싶다. 숨어서 피는 들국화는 맹추 같이 꽃향기가 멀리 가는 줄도 모르고 내숭을 떤다. 억새꽃이 가을의 넋을 불러들이면 여름은 지고 나무들은 나이테를 하나 더 만드는 계절, 가을 개울 길은 성숙했다.

겨울 냇가는 어머니의 품이다. 떨어진 나뭇잎들이 무슨 권리와 자격이 있는지 거침없이 모여든다. 효성스럽지 못한 자식이 마지못한 처지가 되면 부모 앞에 머리 들이미는 꼴이다. 파렴치한 낙엽을 개울은 타박 않고 받아 주고 품으로 감싸 준다. 흰 눈이 포근하게 쌓이면 개울은 검은 물웅덩이로 할딱할딱 숨을 쉰다. 못 잊는 마지막 어머니의 힘겨운 숨소리 같았다. 어린 시절 나의 모습, 나의 소리를 더듬다가 눈물 핑 돌아 자리를 뜬다.

개울물은 흐른다. 흐르는 개울물은 흘러가 버리는 것이 아니다. 이 구석 저 구석을 들여다보고 치울 것은 치우고 닦을 것은 닦아 깨끗한 개울을 만들고 흐른다. 어디에 있어서도 눈 돌리지 않는 부모의 사랑 같다. 차츰차츰 흐르는 개울물은 자연이 주는 사랑이고, 내 몸에서 흐르는 뜨거운 피는 부모님의 사랑이다. 그 넘치는 사랑으로 나도 흐른다. 이젠 내가 끊임없이 흐르는 개울물이 되어, 식지 않는 부모의 사랑을 닮은 자비로운 마음으로 모두에게 사랑을 주어야 할 차례가 되었지 싶다.

구장 집 살구꽃

집 앞 공원에 살구꽃이 일순간에 터졌다. 어젯밤까지만 해도 붉은 꽃망울이 뭇 총각들을 아찔하게 혼절케 하더니, 오늘은 얼굴을 못 알아보게 하려는지 새침을 떤다. 몇 날 몇 밤을 앙다물어 속 깊게 묻어 두었던 붉은 속내를 모두 풀어낸 느낌이다. 꽃 속의 꽃 마음을 다 보여 주어 꽃빛이 갓난아기 밝은 얼굴빛이다. 단발머리 새침데기 소녀가 나들이 갈 때 차려입으려고 아껴 두었던 꽃빛 옷을 몰래 꺼내 입고 나왔다가 엄마한테 야단맞고는 샐쭉하여 손가락을 입에 물고 있는 모양새이기도 하고, 아니면 엷고 발그스름한 살구꽃빛이 수줍은 열여섯 살 소녀의 미소 같아 보는 이의 마음을 홀린다. 돌돌하고 암팡스러우며 정갈하고 영리하다. 흐드러지게 피워 어릴 적에 지켜보아 가슴에 남아 있는 고향 마을 살구꽃, 꽃 대궐도 덩달아 눈에 어린다.

태어나서 자라난 고향 마을은 초승달처럼 반 동글게 휘어진 동네였다. 춘삼월 봄이 되면 나뭇잎만 한 가난한 초가집 마을에도 꽃 계설이 돌아왔다. 수수깡 울타리 울밑에서부터 꽃이 피기 시작했다. 노란 개나리 몇 가지 수줍게 웃고, 키 작고 수심 많은 하얀 앵두꽃은 우물가에서 짝 바라져 피었다. 꽃 색 좋은 복숭아꽃 한두 그루는 어느 밭둑에도 피어나 온 동네를 꽃동네로 만들고는 했다. 그 중에서 제일 으뜸이 살구꽃이었다. 살구꽃이 분홍빛으로 피어나면 파란 하늘도, 검은 바닥 땅도, 그늘진 사람의 얼굴빛도 발갛게 물이 들어 꽃빛이 되고는 했다. 온통 연분홍 세상이 되면 무딘 남정네들의 마음도 울렁거렸다.

동네 한복판에 있는 구장 집 살구나무 연분홍 꽃빛이 제일 화려했다. 높고 깊은 산에도 그 산을 대표하는 어른 나무가 있듯이 우리 동네 봄꽃들의 대표는 구장 집 살구꽃이었다. 지난날, 읍 면 동에 딸렸던 구의 장, 지금의 통장 이장을 일제강점기의 오랜 관습으로 어릴 때까지 우리는 마을 대표를 구장이라 불렀다. 가지들이 우람하고 풍성하게 벌어진 구장 집 살구나무는 동네 꽃나무들의 향도 역할을 했다. 감자 캐고 보리 타작할 때쯤이면 노란 살구를 제일 많이 떨어뜨리어 우리들을 기웃거리게 하던 나무다.

살구꽃이 구름 같이 피고 질 때는 봄바람이 하염없이 분다. 봄바람에 날린 꽃잎은 오지랖 넓은 사람 같이 온 동네를 구석구석 참견하듯 살구꽃도 바쁘게 해대었다. 하늘을 덮는 살구꽃처럼 구장님도 부지런하고 믿음직스러웠다. 보통 사람보다는 조금은 더 너그럽고 올곧은 분으로 동네에 큰 어른이었다. 바람에 휘날리는 꽃 너울 같았다. 그 당시 구장 직은 지금처럼 경쟁하여 투표해서 뽑는 대표가 아니다. 그저 중론에 따라서 추천하고 수락하는 것이다. 임기가 있는 것도 보수가 대단한 것도 아니다. 나누는 것이 있을 때 일상에 조금 좋은 것으로 제일 먼저 인사하는 것이 대접이다. 물론 간혹은 못마땅해 하는 사람도 있지만 요즈음처럼 극렬하게 비판하고 반대하여 질타하지 않았다. 꽃들의 세상처럼 자연의 이치대로 해로움도 이로움도 없이 무해무득하게 마을 일에 의견을 내고 설득하여 모두가 함께 잘 살아가도록 이끌어 나갔다.

철없던 악동시절, 학교를 오가던 길에는 작은 마을을 거쳐서 지나 다녔다. 살구꽃이 활짝 핀 봄볕 좋던 어느 날 학교를 마치고 돌아오던 길이었다. 또래들이 장난을 치다가 어느 집 허름한 헛간 속에서 알 품은 암탉을 보았다. 악동 몇 녀석들이 한동안 궁리를 하다가 한적한 틈을 타 몰래 달걀을 꺼내오다가 멀리서 바라보는 주인이 있다는 것을 몰라 붙잡히고 말았다. 당시 경제 사정으로 보아 용서받지 못 할 일이라 경찰지서로 끌려가고 말았다. 무서운 공포에 한동안 떨고 있을 때다. 구장님이 나타나 우리를 데리고 나오는 순간 그는 우리들을 구원하는 구세주였다. 동네로 돌아와 엄하게 꾸짖는 말씀은 조금도 무섭지 않았고 살구꽃 꽃향기였다.

꽃피는 계절 봄이 돌아오면 어린 싹 돋아나듯 불쑥불쑥 구장님이 기억난다. 흐드러지게 피고 흐드러지게 지는 구장 집 살구꽃, 조금은 우뚝하지만 군림하지 않고 함께 어우러지는 살구나무였다. 잘못은 혹독하게 야단치고 훈계하면서도 용서는 바다 같이 넓게 하는 구장의 아량이 지금까지 가슴에 남아 있다. 곤경에 처했을 때 손 내밀어 잡아 주고도 생색내지 않는 것이 어른의 처사다. 그런 지도자가 조금은 더 차지하고 대접 받는 것을 당연하게 생각하는 사회가 우리가 바라는 사회다.

해준 서선아

창 작 노 트

들국화 한 아름 안고 들녘에 서서
나의 가을 색깔 생각해 본다

詩

가자고 한다
구름
덕장
목욕탕에서
유월의 국화

隨筆

달을 사랑한 날

01

가자고 한다

그가 온다고 한다
오기 전에 피해야 해
앰뷸런스가 요란하다
산소 마스크와 링거주사
간신히 그를 피했다

그가 올 것 같다고
마음의 준비를 하란다
영정사진을 챙기고 연락할 곳 정리하고
그녀 옆에서 한밤을 뜬눈으로 새운다

중환자실 한 발자국 밖
그가 들어오려고 기웃기웃 하고 있다
언제 들어와 가자고 할지 몰라

저 문 굳게 잠그면 들어오지 못 하려나

02

구름

구름 접어 책상 서랍에 넣고
오늘부터 구름을 꼭꼭 접자
뜬 구름 잡다 답답할 때
구름 한 송이 만들어 하늘에 올리는 일
이제 그만 두어야 한다

구름 과자 한 모금
혈관 가야금 줄 조이듯 적당한 긴장감
구름 위를 걷는 듯한 기분
오랜 친구 이별하기 아쉽다

'안 끊으면 죽는당께'

아내의 말 쟁쟁하여 서랍에서 구름 꺼내
쓰레기통에 구겨 넣고
하늘의 구름 쳐다본다

03

덕장 – 요양병원 중환자실에서

푸른 바다를 휘젓고 다니다
간혹 하늘이 얼마나 높은지
튀어 올라도 보던 명태
눈은 햇볕에 찔리어 앞은 캄캄하고
정신은 망각의 그물에 걸려 허우적 허우적
단지 오늘 호흡이 있다는 건 아직 현세에 있다는 증거

침상에 몸이 메여 꼼짝 못하고
코에 낀 호스와 팔에 꽂은 물병으로 연명하며
덕장 인부가 해 주는 대로
2시간은 옆으로 2시간은 반듯하게
서서히 말라가는 명태가 되어
바다의 꿈 접어 두고
꽂상여 기다리는 덕장

04

목욕탕에서

김이 오르는 욕조 한 귀퉁이를 간신히 잡고
살얼음판 디디듯이 조심스럽게
하얀 목욕 수건을 머리에 쓴 노파가
욕탕에 들어 앉는다
한때는 탐스러운 복숭아 가슴을 지니고 다녔으련만
새깽이들 다 먹이고 마른 건포도만 붙은 가슴을
한 손으로 부끄러운 듯 감싸 안고 앉는다
잠시 눈을 감고 따스함을 즐기다 보니
그녀는 벌써 물 밖으로 나가 수도꼭지 앞에서
활처럼 굽은 등을 하고
때수건으로 몸을 문지르고 있다
오른손은 왼쪽 가기 멀고
왼손은 오른쪽 가기 먼 등을
이리저리 닦아 보려고 애를 쓴다
벌떡 물속에서 몸을 일으켜 그녀의 등 뒤로 가
어르신 제가 등 밀어 드려요
답도 듣기 전에 타월을 받아 들고
구석구석 닦으며 그녀의 등에서 어머니를 본다
온천물 좋다고 또 오자던 약속
지켜지지 않은 오늘

05

유월의 국화

그들이 접어 놓고 간 꿈
떠다니는 유월의 하늘
오늘 더 푸르고

현충원 담 자락 붉디붉은 장미가
넝쿨져 지천인 계절
장미에게서 그들의 장렬한 피 흘림을 본다

붉은 장밋빛 꿈을 가졌던 그가
장미의 계절에 가질 수 있는 건
국화 한 다발

따뜻한 미역국 좋아하던 그에게
지금 할 수 있는 건
국화 한 다발
국화꽃이어야 한다는 수식은 없지만
유월엔 추모의 국화가 핀다

달을 사랑한 날

잠을 자려고 불을 끄니 방안 가득 달빛이 들어왔다. 늘 하늘에는 초승달로 태어나 보름달을 거쳐 그믐달로 사라져가는 달이 있었다. 도시 생활에서 달을 바라보는 여유를 가지지 못하고 살았다. 창문을 열고 하늘을 보니 쟁반 같은 보름달이 혼자 하늘을 지키고 있었다. 창밖으로 몸을 내밀고 한참을 바라다 보았다. 옛날에 정월 보름날 떠오르는 달을 보려고 앞산 바위에 오르면 건너편 산 위에서 둥실 떠오르던 환한 달, 거기서 쏟아져 내리던 달빛이 생각났다.

달을 마당에서 보면 더 좋을 거란 생각이 들었다. 자려고 했던 남편에게 밖으로 나가자고 이야기를 하니 그도 흔쾌히 달구경 가자고 같이 나섰다. 어린 시절 보던 은수정 같은 달을 볼 수 있을 거라는 기대에 아파트 마당으로 내려오면서 가슴이 설레었다. 내려와 하늘을 보니 달은 그 자리에 있지만 마당엔 달빛이 없었다. 달빛보다 더 밝은 가로등이 대신 자리하고 있었다. 조금 더 걸어 나가 길로 나가면 달빛을 온전히 볼 수 있을 거란 생각에 길로 나왔다. 길은 더 밝은 가로등이 지키고 있었다. 달빛을 찾아 헤매는 유랑인처럼 우리는 무작정 가로등이 없는 앞들로 걸어갔다.

찻길을 벗어나니 달그림자가 나를 따라오기 시작했다. 천천히 달에서 나오는 모든 기운을 다 받으려 심호흡을 하면서 발을 옮겼다. 뒤따라오는 그림자는 더욱 선명해지고 우리는 달빛 바다에서 헤엄을 쳤다. 남편이 조용한 목소리로 달 노래를 부른다. 다음은 내가 받아서, 허밍으로 같이 부르기도 하며 동요에서 부터 가곡까지 알고 있는 달을 위한 노래를 다 불렀다. 들판과 하늘에 떠 있는 달, 중간에 아무도 범하지 않는 우리만을 위한 세계를 가진 듯했다. 사방은 모두 잠들어 고요했고 모를 심으려고 논에 가득 담아 둔 물은 들 전체가 커다란 호수가 되었다. 물에 비친 달은 작은 물 반짝이를 수 없이 만들어 비단 필을 풀어 놓은 것 같았다. 이슬에 발이 젖어서야 집에서 너무 멀리 온 걸 알았다.

아무 말 없이 그저 팔짱만 꼭 끼고 돌아왔다. 낮에 있었넌 걱정스러웠던 일들은 달빛 바다에 다 버려 두고 홀가분한 마음이 되었다. 달은 언제나 하늘에 있었고 마음에 품지 못하고 살았다. 자연과 내가 일체가 되어 얻을 수 있는 무한한 것을 우리는 모르고 살고 있었다. 오늘은 달을 우리가 독차지한 기분이다. 달을 담은 마음이 흔들릴까봐 집으로 돌아와 잠자리에 들 때 조용히 이불 속으로 들어가 잠을 청했다. 그날 모처럼 불면이 없는 편안한 밤을 지냈다.

필자가 사는 호매실동은 가까운 곳에 논이 있었지만 지금은 택지개발이 되었음.

황문식

창 작 노 트

어렵다
어렵다
어렵다

詩

눈사람
말하는 파도
봄비가 그리웠나 보다
소사나무
수첩 속 당신
제발 불 좀 꺼 주세요
흔들리고 있는 꽃
햇볕에 찔린 지렁이

01

눈사람

그늘진 곳을 좋아하는 사람

삐뚤게 쓴 밀짚 모자
솔가지로 만든 눈썹이
촌스럽고 우스꽝스런

얼굴이 예쁘지도
몸매가 날렵하지도 않지만
한겨울 추위 속에서 친하고 싶은 사람

당신의 온기가 세상에 퍼질 때면
스스로 녹아 대지를 적시고
마지막까지 베풀고 떠나는 사람

02

말하는 파도

모래밭이 끝없이 넓은
칭따오 제1해수욕장
파도가 외치는 소리가
모처럼 알아들을 수 있는 모국어
조개들의 수다를 들어 보라며
뜨겁게 달궈진 모래밭에 손을 얹어 보라며
밀려오고 밀려가는 파도
발 통증 때문에 망설였던 여행
뭉친 여독을 상쾌하게 풀어 준다

파도여!
우리말 잘하는 파도여!
이렇게 편안하게 사는 것이
죄를 짓는 것은 아닌지?
고국의 황해와 맞닿은
해변을 조심조심 걸으며
파도에게 물어 본다
오던 파도가
아무 말 없이 되돌아간다

03

봄비가 그리웠나 보다

손바닥만 한
동네 공원에서 돌아오는 길
봄을 실어 오는
비가 내렸다
촉촉이 젖은 길가
누군가 먹은 자장면 그릇
그 흔한 신문지로
얼굴도 가리지 않아
새까맣게 탄 내장이
봄비를 맞았다
둘러보아도 아무도 보이지 않는데
누군가 갈증나는 사람
봄비가 그리웠나 보다

04

소사나무

영흥도 십리포 해변
마을을 지키고 있는 방풍림
집단으로 전기고문 당한 사람들처럼
비비 꼬여 불쌍한 몰골로 엉켜 서 있다

평생 인간을 섬기며 살다 비틀어진 삶은
곧게 살기를 포기하고 일찌감치 타협을 선택했나
밑둥과 가지까지 옹이가 달라붙어
고단한 세월을 이겨낸 꼬부랑 할머니 같다

바람에 치이는 것도 서러운데
괴이한 모습까지 애처러워
사진 애호가들의 피사체로도 부끄럽다

새들도 찾지 않는 나무
마침내 연녹색 철조망에 갇혀
영어의 몸이 된 채 당나무숲이 되었다

05

수첩 속 당신

젊은 시절 만남
잊은 듯 살았습니다

이별 후
수첩에서 마저 지운
당신의 전화번호
무심히 수첩을 넘길 때면
금 그어진 당신의 이름
아프게 밟힙니다

만나고 헤어짐은
일상인데
이렇듯 기인
그리움이 될 줄이야

06 제발 불 좀 꺼 주세요

새처럼
날개 퍼득이며 창공을 날고 싶었다
어느 날인가
격자 투시형 요람이
캄캄하고 비좁은 공간으로 변했다
거꾸로 매달린 백열등은 아름다웠지만
꼼짝없이 가두어 놓고
24시간 환히 불밝혀
밤낮없이 노동을 하라는 것이다

"제발 불 좀 꺼 주세요"

인간들은 알 텐데
잠 안 재우는 일이
얼마나 혹독한 고문인가를

07

흔들리고 있는 꽃

한강 폭보다 좁은 바다 건너
개풍평야 아프게 내려다보이는 별립산* 산등성이
연보랏빛 쑥부쟁이 흐드러지게 핀 꽃밭

초등학교 때 가족 버리고 떠난 아버지,
마흔부터 홀로 질긴 끈 부여잡고
낮에는 농사일 밤에는 가마니 짜기
평생 고생만 하다 가신 어머니,
농사질 땅 한 뙈기조차 없어
돈 벌어 온다며 인천으로 떠난 동생,
나란히 누워 서로 보내지 못할 편지를 쓰고 있다

무덤만 남아 서로를 지키고 있는 고향
바람 불 때마다 찾아가는 성묘 길엔
모가지가 긴 연보랏빛 쑥부쟁이
가녀린 몸만 흔들고 있다

---

*별립산 : 강화도 북쪽에 있는 산. 바다 건너 북한 땅이 가깝게 보인다.

08

햇볕에 찔린 지렁이

애나 어른이나 치과에 가는 일은
두렵게 생각한다

잇몸 마취 땐
손에 땀이 고이고
햇볕에 찔린 지렁이가 된다
가장 편한 의자에 누워도
몸이 잔뜩 오그라든다
어금니 뼈에
드릴로 구멍을 뚫어 철심을 박는다
샘솟듯 입안에 가득 피가 고인다
야릇한 통증이 온몸을 감싼다

소아마비 몸으로 살아남느라
얼마나 이를 악물었으면
어금니가 이토록 상했을까

김영숙

창 작 노 트

나는 너로 인해 깨어난다.

詩

1박 2일
넌 어떤 색
달팽이의 하루
뻥튀기
세상을 놓아 버린 그녀
소금꽃
오늘은 그런 날
지렁이

01

1박 2일

칠공주의 여름휴가
빨간 스포츠카
머플러 휘날리며 달리는 고속도로 위는 아니지만
가을의 문턱임을 알리는 코스모스 길 따라
정박한 곳은
작은 항 민박집

광어 우럭 도미의 눈을 피해
가자미 한 접시와 매운탕으로
부족한 음식은 칠공주의 수다로
넉넉하고 푸짐한 저녁을 먹으며
서로들 얼굴 위 무지개 피고 있다

친구란 그런 거다
서로의 그늘을 덮어 주고 그 위에 반짝이는
햇빛을 만들어 주는 그런 존재
비릿한 바닷바람에 취한 건지
아님 수다에 취한 건지 얼굴들 위에
봉숭아물 예쁘게 물들었다

02

넌 어떤 색

너
왜 오늘은 그리 빨가니
넌 분홍색이었는데
아니야,
난
원래 빨간색이었는데
네가 분홍색을 좋아한데서
내 색깔을 조금 지운 거야
미안
오늘은 깜박 잊고 나왔네!

사람은 말이야
누구나 한 가지씩 색깔을 지니고 산대

넌
파란 하늘색이었으면 좋겠다.
내가
가끔씩 파란 하늘에 물들이고 싶을 테니까.

03 달팽이의 하루

스멀 스멀 스멀
끈적 끈적 끈적
침대 거실 소파
몇 평 안 되는 공간 안에서
영역 표시해 가며 오늘도
살아있음을 느낀다.

해도 따라 스멀거리며
눈앞에서 멀어질 쯤
달팽이는 장바구니 옆에 붙어
잠시 콧바람 맞으며
실개천 하나 건너
싱싱한 야채밭에 머물다
야채 속에 묻혀 있는
또 다른 달팽이들을 보고
환한 미소 날린다.

이곳에 오면
여기저기
자기영역 표시하는
달팽이 친구들이 참 많다

04

뻥튀기

그녀는 뻥과자를 무척이나 좋아해
길가다가 뻥과자만 보이면
그냥 지나치는 법이 없지요

어느 날 그녀
뻥과자를 흘끗 보더니
아무 말 없이 그냥 지나치고 있네요.
왜일까요?

그건
뻥튀기 아저씨
십원 짜리 주면 백원으로 뻥 튀겨 준단 말에
돼지 저금통 찢어 모두 가져다 주었대요.
세상에나!!!
뻥하고 구름따라 날아가 버린
수많은 뻥과자들

뻥과자를 좋아하는 그녀
오늘은
축 처진 눈으로 하늘 한 번 쳐다보더니
한숨 소리가 맨땅에 헤딩하네요.

05 세상을 놓아 버린 그녀

주렁주렁 매달린 엿과자
그 덫에 걸린 나
학교 수업 땡
흰 띠로 아이를 업고 작은 손에 쥐어진 엿과자

난 그렇게 그녀의 집에
아이 봐 주는 아이로 엿과자 엮어 있듯이
그렇게 엮어 있었다

날씨가 어수선하다
저기 먼 곳에서 그녀가 오고 있다
이 밭두렁 저 논두렁을 나뭇가지 휘저으며
사랑하는 이 먼저 보내고
힘든 세상 아이와 살다 그만 놓아 버린 그녀
빠른 걸음으로 네 옆을 스치며
하얀 미소 날리는 그녀
내 작은 손에서 녹아내리는 엿과자

한 마을에 한 명씩은 자신을 놓아 버린
그녀들이 있었다.
힘들었던 세상이었음을

06

소금꽃

바람 햇살 땀으로 피워낸 꽃
생명의 보석이라 불리는 꽃이라 하네.

생각만 해도 행복 바이러스가 피는 꽃
그 꽃들로 인해 눈물 웃음 행복을 맛보네.
어제는 좀 짭짭했고
오늘은 좀 심심하고
나에게 딱 맞는 맛은 아니지만
전혀 상관없다네.
그저 옆에 있어 피는 것만이라도
향기롭고 행복이네

오늘도
화사한 맛깔로 채워 줄
소금꽃이라네.

07 오늘은 그런 날

무심한 얼굴을 하며 버스 뒷자리에 앉아 있다
멍하니 창밖 풍경에 눈을 맞추며
덜거덩거리는 불편함에 가끔씩 얼굴
금이 가고 있을 때쯤 저 멀리 노점상 위 호박
중심을 잃고 구르기 시작한다.
할머니도 같이 넘어진다.
다리가 삐신 건지 절뚝거리며 안고 있는 호박에서
흙을 터시는 할머니
버스에서 내려야 되는데 힘이 없다

흐른 하늘을 올려다본다.
평상시엔 스쳐지나갈 풍경과 말들이
가슴에 박히는 날
오늘은 그런 날이다.

08

지렁이

비가 땅을 열심히 파고 있어요.
엄마는 가끔 용돈을 주시면서
하루 종일 땅 파 봐라 돈 나오나
잔소리를 해대곤 했죠.

오늘은 나 대신 비가 땅을 파고 있네요.
한참을 들여다보니
돈이 아니고
지렁이 한 마리 나왔어요!

세상 밖으로 나온 지렁이
마구 떨어지는 빗줄기에
정신이 하나도 없나 봐요
몸이 산산조각날 것처럼 쓰리고 아프겠죠!
엄마 품속 같은 고요 속에 있다
자기 의지와는 상관없이
천둥 번개 치는 밖으로 나왔으니
엄청 힘들 거예요
이젠 알겠죠!
세상이 무섭다는 걸.

이규봉

창 작 노 트

일상 속에서
아름답고 진솔한 진주를 걸어 올리고
소꿉놀이 친구도 귀가 솔깃하는
그런 시, 그런 시를 쓰고 싶다.

詩

01

하얀 날

호수 위, 호숫가 마른 갈대꽃에
방죽 위 삼백 년 노송, 향미정 묵은 기왓장에
새끼양의 솜털처럼 순결한
하얀 순수 쌓이고

세상은 가끔씩
흰 눈으로 말끔히 덮어 주어야 해!
하얀 눈 속을 흐르는 선혈鮮血은
첫 태어난 장미 꽃송이

아무도 밟지 않은 호수 위 설원雪原을 걸으면
천사처럼 하얀 날개 돋쳐나고
그 날개로 세상을 품으면
세상이 그 품에 안기면
나는 날개의 품속에서 잠들고 싶다.

02

기다림

눈 내리는 겨울밤 역 출구에서
두 시간을 기다려 본 사람은 기다림이
설원에 피어나는 얼음새 꽃임을 안다

막차란 역내 방송이 겨울밤을 가르면
기다림은 불 꺼진 화로에 묻혀 있는
한 덩이 남겨진 불씨라는 것을 안다

막차가 다 지나가고 나면 기다림은
불꽃놀이가 끝나 버린 별 하나 없이
텅 빈 하늘임을 안다

기다림은 다시는 기다리지 않겠다고
오늘밤 다짐을 하고 내일이면
또 기다려지는 신기루 같은 것
기다려 본 적이 있는 사람은 안다.

03

불꽃놀이

1
가을 밤 하늘을 뒤덮는 꽃들의 향연
오색 꽃들이 어둠속에 찬연히 피어나더니
드디어는 불비가 쏟아져 내려
63빌딩이 화염에 휩싸이고
한강의 물살도 활활 타오른다

불비에 젖는 이 가을

2
불꽃축제는 끝났다
밤하늘의 꽃들도
빌딩도
강물도
다 타 버린 여의도엔 연기만 남고
파장 후 빈 장터,
밤하늘에 남은 검은 공허는
어제 밤보다 더 커다랗게 입을 벌리고
그 자리에 영상처럼 유년의 불꽃 다가선다
깡통에 구멍 숭숭 뚫어 불쏘시개 넣고 휘돌리던 불놀이
잔치가 끝나도, 별들이 꽃놀이를 이어갔다
영글지 않은 석류알 선연한 유년의 불꽃놀이

04 하늘 공원

억새의 땅
팔월의 태양 내리꽂히고
초록 화살촉 하늘로 솟는다

저 아래
한강 물 부딪는 소리
힘차게 엔진 돌아가는 소리
붉은 악마들의 함성

다가 오는 가을엔
가을의 붉은 신음 대신
하얀 억새꽃 노래를 부르자

가을을 향해 땀 흘려 달리는
팔월의 하늘 공원

05

가을 장미 2

초여름의 붉은 카리스마는
수절하는 청상 여인으로 남아
가을바람에 아슬아슬 몸을 떤다

진홍빛 날갯짓 하여도
발라드 노래를 불러도
사내들은 늙은 기생 바라보듯
힐끗 쳐다만 보며 사라지고

가을은 풀도 나무도
뿌리로 되돌아가는 오솔길

06

먼 여행 떠나던 날

네가 먼 여행 떠나던 날
꽃은 몹시 흔들리고 있었다

너는 생을 꼭 한 주간 남겨 두고
옷 한 벌도 무거워
법정스님의 『무소유』를 읽고 싶다 했다

네가 부은 얼굴로
신음 소리 토해 내고 있을 때
나는 차마 승강기를 타지 못하고
병원 로비에서, 무소유의
생자필멸生者必滅 회자정리會者定離를 읽고 있었다

네가 먼 여행 떠나던 날
4월의 눈송이 흩날리고
꽃들은 몸을 떨고 있었다

그날 밤, 나는 네 시詩를 읽으며
나도 천천히 흔들리고 있었다.

07

노인과 애견

길가에 삼륜 리어카를 댄다. 머리 하얀 리어카 주인 부동산으로 들어가더니, 한참 후 하루의 고단한 삶들이 빼곡히 박혀 있는 종이 거울을 한 아름 안고 나온다. 한 쪽 발이 뒤뚱, 종이 거울이 내동댕이쳐지며 산산이 흩어지고 그는 쪼그리고 앉아 흩어져 버린 자신의 삶을 긁어모으듯 흩어진 거울을 한 장 한 장 주워 모은다.

부동산 바로 옆집은 애견숍이다. 미용 교배 분양 호텔 애견의 모든 것 퍼피렌드, 지나가던 여학생 두 명이 창가에 얼굴을 붙이고 퍼피에게 노래를 부르고 사랑의 편지를 쓴다.

흩어진 종이 거울을 다 추스른 노인은 리어카에 차곡차곡 담아, 새우처럼 등줄기를 구부리고 얄팍한 두 손으로 리어카를 밀며, 노랗게 쳐진 중앙선은 아예 관심도 없다는 듯 자동차가 질주하는 6차선 길을 느릿느릿 건넌다.

여학생은 여전히 애견숍을 떠날 줄 모르고, 퍼피는 형형색색의 드레스를 걸치고 패션모델이 되어 살랑살랑 포즈를 취하며 무대를 빙글빙글 돈다.

'개만도 못하다' 는 의미 이제 바뀌어야 할 것 같다.

08

일탈 – 페미니즘 미술 전시를 보고

밤이 내려다보이는 호프집 창가 한 구석
노란 맥주잔에
사랑의 이삭 삶의 앙금 그리고 밤을 풀어 넣어
붉은 폭탄주 만들죠
오늘 낮에 만났던 구름 속으로 그만 빠져들어요

아련한 꿈속의 공간
긴 머리 풀어헤쳐 날개 만들어
구름 위를 훨훨 날아요
드디어, 독수리 등을 갈아타고
하늘을 더 높이높이 날지요
날다날다 새가 허기지자
내 허벅지 살점 떼어 먹이며
공중을 마음껏 날아요

날던 새가 그만 지쳤네요
나는 새와 함께 새벽 아스팔트길 위로
추락하고 말았죠
마취가 풀려요
어슬어슬 어깨가 떨려요

누군가로부터 달려오는 핸드폰 벨소리

권명곡

창 작 노 트

낙엽 곱게 번지듯 내 삶을 글밭으로
채색하고 싶다.
붉게 피어나는 아침을 휘파람 불며
맞이할 수 있는 나날 되고자.

詩

隨筆

01

붓꽃의 사랑

밤새 발코니가 소란스럽다
보랏빛 꽃망울 달고
새색시 수줍은 입술로
노란 꽃술 열고 흰
가마 탄 여인처럼
수줍게 웃고 있다.

당당히 꽃대 세우던
여러 날들
찬란한 꿈을 안고 오더니
하루 피고 흔적도 없이
몸을 숨긴다.

하룻밤 사랑을 위해
피었다 지는
붓꽃의 사랑

02

오월의 숲

오월의 숲에 가면
숲의 소리가 들려요
초록의 풀냄새가 상긋상긋
가슴에 소복이 담겨요
수목의 싱싱한 물오름이
내 마음에 출렁이는 파도를
만들어 놔요
한 아름 마시는 오월의 숲 향기
햇살은 따사롭고
바람 한 점까지도 싱그럽네요
아가들 뛰노는 재잘거림도
푸른 하늘에 비누방울처럼
동동 떠다니고
가슴은 하늘 향해 활짝 열려
오월의 향기에 흠뻑 취해
비틀거려요

8월의 마지막 날

지구가 열병을 앓던 8월이 간다. 몸을 데일 것 같던 뜨겁고 지루했던 날들도 시간 앞에선 무력해졌다. 아침저녁 시린 바람이 가슴을 휩쓸고 간다. 태양이 뜨고 지는 것이 순리인데 이 허전함은 무엇일까? 젊음이 넘칠 때는 시간의 중요성도 잊은 채 하루하루 일상에 충실하면 그 뿐이었는데, 요즘엔 매 시간 시간이 소중한 보석 같지만 지나가는 세월을 잡을 수 없어 아쉽다. 긍정적으로 생각하자고 스스로에게 다짐하지만 흐르는 시간에 대한 것만큼은 내 감정의 조절이 안 된다. 아프다. 먹먹하다. 서글프다. 아쉽다. 어떤 단어로도 위로가 안 된다.

하루하루를 60km로 마감해 가는 나날이다. 오늘은 다시 오지 않을 소중한 시간들이다. 새벽부터 내 건강을 위해 아파트 주변에 있는 학교 운동장을 걸었다. 모과 열매가 노릇하게 익어 가고 단감이 제법 모양을 갖추고 있다. 저 살기 위해 자라지 못한 열매는 떨어뜨려 흩어진 모습은 사회에서 도태된 인간들의 군상인 듯 모양들이 우거지상이다. 잔디를 밟고 당당히 일어선 잡초들의 위세는 승리의 깃발을 꽂은 병사들이 씩씩하게 행군하는 모습처럼 당당하다. 나팔꽃들은 제일 튼실한 풀잎의 팔에 매달려 얼굴을 부비고 있다가 나에게 들켜 금방 홍당무가 됐다. 풀들의 냄새에 취한 나에게 바람이 시샘이 났던지 내 얼굴에 키스하고 달아나 버린다.

8월의 마지막 날을 보람 있게 지내려고 집안 청소를 시작했다. 거실에 책들도 정리하니 읽지 않은 책들이 내 손을 잡는다. 잡히는 대로 대충 줄거리만 읽고 책장에 꽂았다. 다시 만나기로 책마다 눈도장을 찍어 정갈하게 정리해 놓았다. 옷장에 걸린 옷들도 하나하나 걷어 버린다. 일 년 동안 먼지만 쌓여 입어 보지 않는 철지난 옷들, 아까워서 못 버린 값나가는 정장들, 딸들의 시부모와 상견례하기 위해 입었던 옷들, 당장 필요 없는 옷들을 버리고 나니 시원함도 있었지만 추억을 지워 버린 것 같아 아쉽기도 했다. 말 못하는 사물이지만 비좁은 공간에서 얼마나 답답했을까? 시원하게 바깥 바람노 쏘이면서 새 주인을 만나면 좋겠다. 집안을 정돈하고 나니 기분이 날아갈 듯 상큼하다. 샤워를 하고 얼굴에 분칠을 하고 컴퓨터에 앉아 사랑하는 이들에게 메일을 보냈다. 8월의 마지막 날! 오늘만이라도 시름일랑 접어 두고 행복한 마음으로 살아 내자고.

오늘이 지나면 9월이다. 8월 한 달 동안 더위와 씨름하며 흐르는 땀을 씻느라 짜증스러웠는데 그마저 오늘이 지나면 다시 돌아오지 않는다고 생각하니 아쉬웠다. 그래도 즐거운 생각을 한 번쯤은 해보사. 노랗고 달콤한 참외와 입에 넣으면 시원해지는 수박화채, 시원한 열무 국수, 뼛속까지 얼얼한 냉면을 먹던 일, 가족끼리 '감악산' 계곡 흐르는 물에 발 담그고 물장구치고 사위와 딸들 손주들과 물세례 주고받던 기억들, 숯불 피워 삼겹살 구워 소주 한 잔 마시던 그 맛도 잊을 수 없는 행복한 기억들이다. 텐트 속에서 새근새근 잠들어 있던 손녀들의 천진한 미소를 그려 보면 행복한 웃음이 절로난다.

광교 산행

빨간 고추잠자리가 하늘 높이 날아다니는 계절이다. 배낭 하나 둘러메고 지인과 함께 산행을 했다. 밤송이가 노릇노릇 익어 가고 어떤 것은 갈색으로 입이 벌어졌다. 며칠 후면 바닥에 톡 떨어져 다람쥐 밥이 될 것 같은 완숙된 밤송이도 있었다. 고추밭에 고추들은 태풍으로 기울어져 가지마다 땅에 닿을 듯 빨간색 초록색 누런 색깔로 수확을 기다리고 들깨 잎사귀도 먹음직스럽게 달려 있다. 햇살에 익어 가는 도토리도 껍질 속에서 아직은 초록 얼굴로 빼꼼히 고개 내밀고 있고 다닥다닥 매달린 은행알들이 후두둑 떨어져 밟힌다. 가을 산과 들은 마음까지 풍요로워 황금들판을 바라보는 농부의 마음처럼 벅차오른다.

오랜만에 산에 오르니 기분이 새처럼 훨훨 날아간다. 하늘은 구름 한 점 없는 푸른 바다 색깔이다. 풍덩 빠지고 싶은 시원한 기분이다. 등줄기에 흐르는 땀은 이마도 적신다. 운동의 효과가 대단하다. 몸속의 노폐물이 빠지고 신선한 맑은 공기로 내 몸을 가득 채우고 싶다. 허리 아파, 다리 아파 입에 달고 사는 말이지만 산행을 하는 순간만큼은 잊어버렸다. 30여 분쯤 오르니 헬기장이다. 몇몇의 등산객이 땀을 식히며 가져온 간식을 먹는다. 산에 갈 때는 오이와 사과가 제격이다. 물 한 컵을 마시고 사과 한 쪽을 베어 무니 낙원이 따로 없다. 세상의 근심걱정을 접어 놓고 긴 호흡을 하니 달콤한 공기가 폐

속으로 깊이 빨려들어 간다. 산에 사는 나무들은 세상 사람들과 같이 이름도 있지만 바람과 물과 공기와 햇빛만 있으면 그 존재를 유지한다. 자연으로 돌아가고 싶어진다.

인생의 황혼기에 접어든 시점이다. 그 모든 눈에 보이는 것이 풀 한 포기까지 소중하다. 길에 밟히는 개미 한 마리도 사랑의 마음으로 바라본다. 함부로 밟지 못하겠다. 더구나 예전에는 예쁜 꽃이 보이면 생각 없이 꺾어 내 집에 가져가 나만 보려는 욕심도 있었으나 지금은 다르다. 나무 한 가지라도 꺾여 있는 것을 보면 마음이 아리다. 얼마나 아플까. 어미 품에 매달려 사계절 꽃잎 피우며 한 생을 다할 때까지 보호하고 사랑하고 싶다. 내가 내 자녀를 사랑하듯 나무도 몸통을 부여잡은 나뭇가지들 손가락 하나하나에 생명이 있을 생각을 하니 태풍에 송두리째 뿌리 뽑힌 소나무가 불쌍하다.산림청 직원들이 빨리 발견하여 물기 마르기 전에 심어 줬으면 좋겠다. 우리 집 화초들도 더 많이 사랑해 주리라고 다짐해 본다.

하산 길은 쉽지만 땀이 식어 가서 기진맥진이다. 한 걸음에 달려갈 것 같지만 발이 무겁다. 등산길에 에너지가 소진됐나 보다. 그래도 몸속에 가득 담긴 맑은 공기로 일주일은 행복하게 살 것 같다. 올라갈 때의 설렘과 내려올 때의 허무감은 비례하기에 우리네 인생도 오르막길과 내리막길을 잘 견딜 수 있는 것이다. 산이 좋아 산에서 생을 마감하는 산악인들, 그들은 히말라야 정상을 정복할 때 그 희열을 세상 무엇과도 바꿀 수 없기에 죽음을 불사하고 모험을 할 것이란 생각이 든다. 어차피 우리네 인생이 생을 마감할 때는 자연으로 돌아갈 것이다. 자연을 아름답게 가꾸고 보호할 의무가 우리에게 있다. 가을 산을 오를 때처럼 풍요로운 마음으로 살자.

벌초하러 친정에 가던 날

추석이 임박해 오는 9월의 어느 날, 남편과 함께 천안에 사는 동생을 데리고 친정 가는 길에 올랐다. 누렇게 익어 가는 들판이 시야에 들어와 세월이 너무 빠르게 지나감을 피부로 느꼈다. 작년에 이 길을 갔던 것이 엊그제 같은데 벌써 산에는 밤송이 주렁주렁 매달렸고 잎새들은 초록을 잃어 가고 노랗게 물들어 가고 있다. 22년 전에 돌아가신 친정아버지 묘소를 벌초하고 형제들과의 만남의 자리로도 이어진 연례행사의 날이다. 벌초는 자식들이 늙고 병들면 할 수 없으니 우리 당대에서 끝내자는 큰 오빠의 뜻이자 우리 형제들의 바람이기도 하다. 대다수의 사람들이 벌초를 하지만 의무이자 관습 때문일 것이란 생각이 든다. 시대의 변화에 따라 앞으로는 묘지도 없어져야 할 것이고 우리의 장례문화도 매장에서 화장으로 변화되고 있으므로 그다지 문제 되리라고는 볼 수 없다.

친정에 도착하니 칠순이 넘은 큰 오빠와 올케가 흐릿한 웃음으로 반긴다. 몸이 시원치 않아 표정들이 석양의 햇살처럼 밝지 못하다. 95세 된 어머니도 허리가 아프다고 등 굽은 새우처럼 비척비척 발걸음이 어눌하다. 가슴이 먹먹해지며 눈물이 핑 돈다. 모두다 엊그제 펄펄 날아다니며 논일 밭일을 힘있게 하던 튼실한 몸들이었는데 이제는 낙엽이 되어 떨어질 것만 같은 모습들이다. 언제나 막내고모라고 불리던 나도 이순이 되어 삐그덕거리는 몸으로 살고 있지만 가족들을 보면서 아프게 느끼는 것은 인지상정이리라. 작은 오빠도 막걸리를 한 박스 들고 왔다. 씩씩한 공군장교에서 지금은 대머리 벗겨져 몇 올 남지 않은 머리카락을 쓸어 올린 볼품없는 60대 중반의 나이이다. 오빠가 군 장교 시절 내게 보내 준 편지글 중 푸쉬킨의 「삶」이란 시는 지금의 내가 시를 좋아하고 시를 쓰게 된 계기이다.

남자들은 산소로 벌초하러 갔고 나는 준비해 온 재료로 지짐이도 하고 동생이 가져온 싱싱한 오이와 텃밭에서 뜯은 부추를 넣고 새콤달콤 무침도 했다. 시골에서 고생만 하는 올케를 오늘만큼은 마님으로 대접하고 싶어 손 하나 까딱하지 못하게 하고 땀 흘리며 점심을 준비하다 보니 그릇이 지저분하다. 수저는 삶고 그릇들도 반짝반짝 빛나게 닦았다. 나보다 15년이나 연상인 올케는 수전증이 생겨 손에 힘이 없고 떨림이 심해 칼질도 못하겠단다. 내 마음이 돌덩이처럼 무섭다. 나도 세월이 흐르면 올케처럼 될까봐 겁이 난다. 열심히 운동하고 글쓰다 보면 늙을 사이도 없으리라고 스스로 위안을 한다. 내가 준비해 온 양념고기 각종 반찬들을 상다리가 휘도록 차렸다. 맛있게 먹어 주는 가족들을 바라보니 나도 배가 부르다. 막걸리 몇 산으로 점심을 대신하고 집 안팎을 치웠다. 어머니는 내게 줄 강낭콩과 참깨, 호박, 고추 등 짐을 싸기에 바쁘시다. 허리 아파 비틀대면서 자식이 무엇인지 그저 주고 싶으신가 보다. 그 모습을 바라보며 나는 내 자식에게 얼마나 사랑을 주고 있나 생각했다. 손자를 돌봐 주고 자식들이 원하면 들어 주며 묵묵히 오늘까지 살고 있다. 우리 어머니처럼 무작정 희생은 아니어도 어머니의 반만큼은 사랑을 주고 있다는 생각이 든다.

가족은 자주 모임으로써 우애가 돈독해지고 사랑이 싹트고 결집력이 생기고 아픈 곳을 서로 어루만질 수 있다. 가족이라는 든든한 울타리 속에서 외로움이 줄어들고 함께한다는 즐거움도 생긴다. 벌초는 구실이고 모임에 더 의미가 있다. 함께하지 않는 가족은 각자 자기 살기만 급급한 구성원일 뿐이다. 미국에 있는 대학교수 조카를, 장모 아들일 뿐이라고 놀렸더니 올케는 하얗게 웃는다. 땅 팔아 박사 만들어 놨더니 한 달에 한두 번 전화로 대신한다. 가족은 희로애락을 같이 해야 한다. 이름만 있다고 가족이 아니다. 현실이 힘들고 어려워도 행사가 있을 때는 열 일 제쳐 놓고 한 걸음에 달려와 주는 가족이야말로 진정한 가족이 아닐까? 내 남은 날이 얼마나 될지 모르지만 내 가족 내 이웃 사랑하며 살고 싶다. 하늘을 우러러 한 점 부끄럼 없도록 오늘에 충실하며 건강이 허락하는 한 친정이 존재할 때까지 벌초행사에 꼭 갈 것이라고 다짐해 본다.

이경선

창 작 노 트

작은 돌 하나 집어 호수에 던진다
퐁당.
소리에 젖는다

隨筆

거래처

날이 밝았다. 할당된 내 인생에 또 하루가 주어졌다. 오늘도 짜여진 일상대로 움직이기 위해 시간에 맞춰 몸을 일으킨다. 생각보다 개운한 컨디션은 몸의 소통이 원활하다는 느낌으로 맑고 상쾌했다. 곁에 잠자던 강아지도 나의 움직임에 몸을 추스르며 길게 스트레칭을 하다 눈이 마주치자 꼬리부터 살래살래 흔든다. 잘잤냐는 혀 짧은 소리와 함께 품에 안아주며 아침인사를 나눈다. 요즘 대두되고 있는 소통거래 성공이었다. 오늘의 첫 번째 거래 시작이기도 하다.

핸드폰에 남편의 명칭을 '거래처' 로 저장해 놓은 사람이 있다. 보통 '남편' 이나 '아빠' 등으로 입력해 놓는데 그 분은 특이한 대명사로 저장해 놓아 듣는 순간 폭소가 터졌다. 사업장으로 보면 거래처만큼 소중한 곳은 없다. 회사의 흥과 패를 좌우하는 중요한 곳이고 쉽게 말해 밥줄이다. 혹 불쾌한 일이 있어도 한결같은 표정과 음성으로 접대를 해야 하며 정중히 모셔야 한다. 우린 곁에 있는 사람에게 소홀히 대할 때가 많다. 돌아서서 후회하는 일이 간혹 있는데 가깝다는 이유로 잘 고쳐지지 않는다. 그분의 영특하기까지 한 발상에 무릎을 치고 말았다. 나와 함께 인륜지대사를 치룬 사람이고 촌수도 없는 무촌이건만 상황에 따라 적이나 원수로 등장하기도 한다. 세월을 보내며 이무럽다는 이유로 편하게 대하는 경우가 종종 있는데 '거래처' 로 지칭해 애써 존경심을 가지려는 지혜가 기발했다.

항간에 배우자, 특히 남편에 대한 유머가 많다. 아내가 외출할 때 행선지를 물어도 안 되며 밥 달라고 했다가는 퇴출감이라고 한다. 더욱이 고령이 되어선 잠 잘 자고 아침에 눈을 뜨면 혼난다는 야담도 배를 쥐게 만든다. 고개 숙인 남자가 서서히 늘다 보니 아내들의 파워가 앞치마를 팽개치게 만들었다. 억눌림을 당한 채 살아온 한풀이인가, 점점 여성의 음성이 고층을 향하는 에스컬레이터 같다. 여성 상위시대도 지나 이젠 사법고시나 공무원 채용에도 여성들이 월등하다. 이런 시점에 극진한 예우를 갖추려 노력하는 그 분이 달리 보였다.

어린 시절, 어머니는 밥을 퍼도 아버지 것부터 뚜껑이 안 닫힐 정도로 듬뿍 주발에 담고 다음으로 우리 것을 차례대로 담아 아랫목에 묻어 두셨다. 무엇이든 아버지가 우선이었다. 그것을 보고 자라서인지 나도 가장부터 챙기는 것이 익숙해져 있다. 반찬도 아버지가 좋아하시는 메뉴가 대부분이었다. 지금 우리 식탁을 보면 가족마다 식성이 달라 고유 음식과 퓨전을 넘나든다. 음식문화가 변한 탓도 있고 자녀에게 맞춘 부분도 없지 않다. 자식 입에는 들어가는 것만 봐도 배부르다는 말이 있지만 요즘 타이어를 두른 듯한 남편의 뱃살이 눈에 거슬린다. 성인병을 걱정하며 일부러 밥을 적게 담으면 서운한지 더 달라는 채근도 없이 스스로 밥솥뚜껑을 열고 있다. 진의를 파악하지 못한 채 거래에 약간 어긋나는 것을 느낀다.

신혼 초에는 출근하는 남편의 구두를 닦아 놓거나 칫솔에 치약을 묻혀 놓기도 했다. 조금이라도 편하게 해주려 노력했는데 여자는 남자하기 나름이라는 말이 맞는 것 같다. 칭찬에 인색하다 보니 서운한 마음이 눈덩이처럼 커져 갔다. 거래의 주된 목적은 서로 핑퐁처럼 주고 받아야 하는데 일방적이 되어버려 어느 순간부터 지질해지다 거래가 중단되었다. 되짚어 생각해 보니 꼭 남편의 잘못이 아니라 아마 내가 병원신세를 지게 된 그때부터가 아닌가 싶다. 정상적인 생활이 지속되었다면 차질이 없었을지도 모르는데 이젠 쑥스러워 못할 듯싶다. 나이 들어 눈이 침침한 건 고왔던 아내의 얼굴에서 주름을 발견하지 말라는 신의 배려라는 말이 가슴에 콕 박힌다. 차마 고개는 숙였지만 측은하기까지 한 오롯한 사랑을 지닌 나만의 거래처에 마음의 굳은살일랑 떠나갈 계절에 얹어 보내고 정상참작을 해줘야 하지 않을까 싶다.

남편이 아닌 다른 이들에게도 우린 모두 인생의 거래처라는 생각을 해 본다. 상호 도움이 될 수도 있고 신용을 잃어 수주를 중단한 거래처도 있다. 안타깝지만 신용등급에서 낮은 점수를 주어 아무리 입맛 당기는 조건을 내세워도 적선이 아닌 이상 거래하진 않을 것이다. 그렇다고 꼭 나의 관점으로만 볼 수는 없다. 나도 누군가에게 거래 중단 통보를 받을 수 있다. 최소한 인생의 상도는 지키고 살자. 벽인줄 알았는데 미니까 문이었다는 말처럼 오해와 이해는 그리 멀지 않은 곳에 있건만 사라져 버린 거래는 어차피 맞을 소나기였던가 싶다. 자존심을 깃발처럼 곧추세웠던 젊음이 뒷자리로 물러나 나직하게 한 마디 건넨다. 원활한 재거래를 위해 우선 오늘 당장 칫솔에 치약부터 묻혀 놓으라고.

십년 후

세월이 잔잔히 음미할 틈도 없이 빠르게 지나고 있다. 한 주, 한 달이 고속도로를 주행하는 느낌으로 지금 서 있는 자리를 확인하려면 벌써 또 저만치 먼저 와 있곤 한다. 미래에 대해 막연한 꿈을 갖던 시절에는 실상 시간의 소중함을 크게 느끼지 못했다. 얼른 시계바늘이 돌아 성인이 되고 싶었고 나이만 많아지면 모든 일이 자동으로 해결되는 줄 알았다. 지금과 달리 십년 후란 의미는 까마득한 기간이었고 그 많은 시간이 흐른다는 것에 대해 솔직히 상상조차 할 수 없는 숫자였다.

대학시절 종로에 즐겨 다니던 카페 상호가 '십년 후' 였다. 그 당시 간판은 통속적인 상호가 많았는데 거리에서 마주친 간판을 보는 순간 온몸에 피가 혈관 한 바퀴를 회전하는 느낌을 받았다. 주저없이 문을 밀고 들어갔다. 현재도 알 수 없는 모호한 하루하루에 십년 후란 단 세 마디의 의미는 이제 막 성인 대열에 다가서는 내겐 심오했고, 그 카페에 가면 십년 후의 삶을 멋지게 설계할 수 있을 것만 같았다.

상호만 그렇지 그곳에서 십년 후의 인생에 대해 조언을 해주는 이는 없었는데 우린 시간이 나면 그 카페에서 머리를 맞대고 있었다. 상호가 그래서인지 보통 찻집과는 다른 화두로 십년 후에 우린 어디서 무얼 할까 라는 추측으로 말을 이어갔다. 그때는 예언조차 할 수 없는 아득한 훗날이라는 생각이 컸지만 상상의 나래를 펼쳤다. 막연한 호기심은 이스트를 품은 밀가루처럼 부풀어 올라 설레기도 하고 들떠도 있었다.

그리 길게만 다가서던 십년을 벌써 다섯 번이나 보냈다. 그동안 어떻게 살았는지 돌아보려니 목이 돌아가질 않는다. 마치 뒤돌아보고 싶지 않은 것처럼. 분명 내게는 지나온 흔적들이 하나 둘 남아 있지만 십년 전 이십년 전이라 하기 보다 바로 엊그제 같은 날들이다. 다시 그 시절로 돌아간다면 살아갈 수 있을까 라고 반문하지만 대답은 쉽게 떨어지지 않는다. 행복했던 날보다 힘겨운 나날이 많다는 증거다. 아니면, 모르고 지나온 세월과 느껴 본 후에 알고 다시 시작하는 것에 대한 선입견이 앞설 수도 있다.

우여곡절 십 년의 세월들이 몇 번 덮어진 채 올해가 결혼 삼십 주년이다. 내 삶인데도 숫자범위에 당사자인 내가 놀라버릴 정도다. 결혼 초, 먹어도 살이 붙지 않아서 퀭한 얼굴로 친정에 가면 혀를 끌끌 차던 어머니는 이것저것 차려 주시느라 분주했었다. 등에 업은 아이는 힘에 부쳐 묶어도 흘러내리는 통에 세 발짝도 못가서 다시 잡아매야 했고, 바쁜 남편을 둔 덕에 매번 혼자 친정행사에 가느라 안쓰러워 하셨던 쓸쓸한 아버지 얼굴. 동네에서조차 남편이 사우디에 갔냐는 소리까지 들으며 그래도 희망을 등에 업고 포대기 끈을 조여매 가며 살았다. 대그룹에 입사한 아버지 친구 자제의 맞선 자리를 듣는 자리에서 거절하며 선택한 결혼 탓에 힘들어도 힘들다 말 못하고 좋은 일만 부풀려 전해 드렸다. 이젠 보태서 말씀드리지 않아도 내려다보고 계신 아버지께 눈 가리고 아웅할 수도 없다.

가늠할 수조차 없을 정도의 멀기만 했던 세월을 여러 번 포개고 돌아보는 곳에 그나마 오래전 꿈을 잃지 않은 중년의 여인이 보인다. 겁도 많고 인내에 익숙한 여인이었는데 이젠 제법 목소리가 건반을 탄다. 호랑이로 변한다는 노래가사를 닮아 가고 있다. 더 늦기 전에 존재감을 찾으려 분주한 모습이 레이더망에 포착되기도 한다. 또 십년 후, 점칠 수 없는 미래를 향해 최소한 후회란 단어는 숨기고 싶어 현재 모습에 업그레이드는 계속될 것이다.

십년이면 변한다던 강산이 요즘은 오년 주기로 바뀌었다고 한다. 세월조차 가속이 붙었나 보다. 지금까지 지나온 것처럼 그렇게 흐를 것이다. 앞으로 또 알 수 없는 십년 후를 상상해 본다. 주어진 나만의 삶에 마음껏 그림을 그린다. 타임캡슐을 묻었던 예전의 진솔함을 곱씹고 자신에게 중요한 버팀목은 많은 세월이 흘러도 절대 변하지 않는다는 생각이 걸맞았으면 좋겠다. 사실 크게 달라질 것이 없는 십년 후일지도 모르겠다. 유턴 없는 삶을 인지하면서 초로의 여인으로 또 다시 다가올 십년 후를 향해 더 바쁜 척 할 것은 분명하다. 오늘따라 하늘이 청소기를 돌렸는지 구름 한 점 없이 맑다.

외로움과 친구하기

살면서 외롭지 않은 사람이 있을까 싶다. 주위에 연배가 비슷한 지인과 문인이 많다 보니 보통 사람보다 섬세한 감성을 가져서일까, 세월을 보내며 외로워하는 모습을 자주 본다. 가족의 분가나 부재로 실제 외로운 사람이 있고 마음이 공허한 사람이 있다. 꼭 사람이 많아서 즐겁고 행복한 것은 아닐 것이다. 나란 존재를 찾다 보면 서서히 스며드는 알싸한 그런 감정이다. 나 역시 가족이 있지만 혼자라는 느낌이 들 때가 종종 있고 여러 생각에 엮이다 보면 마지막엔 홀로 덩그라니 앉아 있는 모습을 발견하게 된다.

집에서 키우는 화초도 주인의 손길을 받고 이야기를 해 주고 음악을 들려 주면 사랑을 느낀다고 한다. 우리 집은 강아지를 키우고 있어 식물엔 관심이 적은 편인데 어느 날 베란다에서 무심히 발견한 화분 속에서 만개한 꽃을 보고 놀란 적이 있다. 눈길 한 번 받지 못하고 홀로 탄생시키게 하여 미안한 마음에 온갖 찬사를 퍼부었다. 외롭게 화분 아래로 고개를 감추고 있던 작은 꽃잎들을 보는 순간 어쩜 이리 예쁠 수가 있냐는 말만 반복하고 있었다. 사진기를 꺼내 와 여러 각도로 수차례 찍어댔지만 고운 눈빛 한번 맞춰 주지 않은 주인에게 화가 덜 풀린 듯하다.

글벗이 있다. 나와 갑장인 그는 딸과 둘이 간 상해 여행에서 부인과 함께 온 패키지 구성원이었다. 중국은 여권 분실의 위험성이 많은 곳이라고 한다. 그 부부와 우리는 한 조로 딸이 여권을 맡아 보관하였고 그 분 표현으로 딸은 우리의 '오야붕' 이 되었다. 우연치고는 '오야붕' 과 그의 딸은 같은 대학, 같은 학번이라 더욱 반가웠고 친밀하게 지냈다. 그의 부인은 살림꾼으로 입을 옷과 달러만을 쥐고 온 나와는 달리 고추장과 김치를 챙겨 왔다. 식사 때마다 그 댁에 신세를 졌다. 미안해서 먹지 않으려고 멀리 떨어져 앉아 있으면 영락없이 함께 먹자고 불렀다. 그 당시 딸은 다니던 회사의 재정악화로 퇴사하고 지구에서 이탈된 듯 혼자라는 느낌을 가진 상태였다. 기분을 풀러 온 일탈이라 실상 그리 유쾌한 여행은 아니었는데 그의 유머에 여행 내내 현실은 잊을 수 있었다.

공항에서 헤어지며 오야붕의 홈페이지를 찾아오겠다던 그의 미니홈피에 먼저 찾아가 감사했다고 인사를 남겼다. 그때 막 문예지에 등단을 하던 시기였고 글 수다가 심할 때였다. 그도 문학에 관심을 갖고 있었고 내 졸작에 공감을 해 주었다. 가족과 떨어져 지방에 근무하며 무료한 시간을 힘겨워하던 그는 원룸 앞 공터를 텃밭으로 꾸며 퇴근 후엔 작은 생명들의 움직임과 대화를 한다고 했다. 그의 홈페이지에 남겨진 글이 생각난다. 톰 행크스의 영화 '캐스트 어웨이' 이야기이다. 한 남자가 무인도에 표류되었는데 살아남기 위해 몸부림친다. 짐 꾸러미에서 배구공을 발견하고 배구공 상표에서 딴 '윌슨' 이란 이름을 지어 주었다. 머리카락을 만들고 눈과 코, 입을 그려 넣고 대화를 하다가 막막한 현실에 화가 나면 발로 차 버리기도 한다. 그러다 허전함을 이기지 못하고 모래사장에 뒹굴어 있는 윌슨을 발견하고 끌어안으며 사과를 한다. 가상의 인물을 정해 놓고 그렇게 처절한 외로움을 이겨 낸다. 격리된 장소에서 유일한 말벗이었던 윌슨을 떠올리던 그 친구 역시 텃밭 윌슨들과 많은 시간을 공유하며 헛헛함을 채우고 있었다.

얼마 후, 그의 손길로 시내던 윌슨들이 특급택배로 우리 집에 도착했다. 상추 윌슨, 깻잎 윌슨, 쑥갓 윌슨. 들콩 윌슨 등 그들은 적당히 물을 뿌린 신문지에 겹겹이 쌓여 낯선 나를 보며 잠시 두려워하는 듯했다. 난 외람되게도 특별한 우정을 나눈 그들을 맛있게 먹어 주는 악역을 맡아야 했다. 외로움의 동반자였던 윌슨들의 소명을 완수시키기 위해 잎사귀 하나 소홀히 대할 수 없었다. 점점 생기를 잃어 가는 윌슨들을 서둘러 외롭지 않게 하는 것이 내 몫이었다.

가을비가 추적추적 내린다. 날씨마저 마음을 흔들어 내려놓게 만든다. 하늘에서 떨어진 것도 아니고 이 세상에 혼자인 사람은 아무도 없다. 모두가 마음먹기 달렸다. 현명한 사람은 외로움을 달래는 법을 잘 활용하고 피할 수 없는 운명을 즐기려는 몸짓을 하고 있을 것이다. 나 역시 혼자라는 느낌이 들 때 끄적이는 습관이 배어 있어 글 윌슨에게 감사해야 하지 않나 싶다. 외로움. 갑자기 그 외로움조차 자신의 존재를 망각한 채 보호받고 싶을 때가 있지 않을까 라는 생각이 든다. 자, 이제 '외로움 윌슨' 접수!

웰 다잉well dying

서호천의 푸르름이 베란다 창밖으로 하나 가득이다. 하루하루가 다르게 푸른 빛은 점점 물감처럼 번져 호수 전체를 덮을 정도로 짙다. 며칠간이나 게으름으로 서호에 나서질 못했다. 바로 눈앞에 바라보는 곳에 있어서인가 직접 발로 딛지 않아도 대지의 숨결이 느껴져서인지 운동에 꾀를 피우고 있었다. 서호천에는 건강해야 장수한다는 이유 하나로 시간에 관계없이 많은 사람들이 각자의 형태로 몸을 움직인다. 호수를 걷다 보면 그동안 이슈가 되던 '웰 빙' 이란 단어에 요즘은 한 단계 더 깊게 생각하여 이 세상을 잘 떠날 수 있는 것에 관심이 많은 듯하다.

사실 죽음을 생각하기에 이른 부분도 있겠지만 사람의 생명은 정답이 없고 또 누구나 가야 하는 길이라 인생의 절반을 지낸 지금 크게 거부감이 없다. 태어나는 것은 나의 의지와 상관없이 하늘의 뜻으로 사람 흉내를 내며 살았고 마지막 가는 길까지 흉내를 낼 것이다. 어떻게 살아야 잘 살았고 잘 죽는 것일까. 요즘 들어 부음소식을 자주 듣는다. 시댁에서도 윗세대는 거의 돌아가셨고 우리 세대에서도 옛 사람이 되신 분이 점점 늘어난다. 잘 죽는 것도 타고난 복이라고 어르신들이 이야기할 때 그 의미를 몰랐는데 이젠 알 것 같다.

사람의 운명으로 태어나 의무를 다하고 칠성판에 누울 때까지의 삶을 인생이라 부른다. 불사조처럼 살 것 같던 사람도 홀연히 떠나는 걸 보면 나와는 멀기만 했던 장례식장이 이제 그리 무섭지만은 않다. 죽음에 대해 이야기하는 것 자체를 금기시하는 문화가 가장 큰 걸림돌이던 우리 사회였다. 일부 대기업이 사원 연수프로그램으로 유서 쓰기를 하는 것도 자신의 삶에 대해 성찰하는 계기를 마련하기 위해서다. 유언장을 작성하는 모습이 매우 진지했다는 것은 그만큼 소중한 인생이리라. 사전 유언장을 받은 배우자와 자녀들이 건강한데 무슨 유언이냐며 처음에는 놀라다가 쉽게 이해했다고 한다. 평소 유서를 쓰는 습관을 들이면 차분한 죽음을 맞이할 수 있어 권유하고 있다는데 바로 그것은 내가 잘 살아가는 방법과 맞아 떨어지는 일이기도 하다.

사람은 누구나 죽는다. 눈길 한 번 받아 보지 못한 풀잎도 창공을 나는 독수리도 설산의 호랑이도 누구나 땅에 떨어지고 쓰러져 뜯기고 바스라져 사라진다. 흙에서 나와 흙으로 돌아가는 인생이란 말대로 부여된 짧다면 짧은 각자 삶 도화지에 붓이 발레를 한다. 완성된 것도 있을 것이고 미완성으로 바톤을 넘겨 줄 것이다. 호스피스들이 죽음을 앞둔 환자 천 명에게 들은 후회하는 것들이 생각난다. '사랑하는 사람에게 고맙다는 말을 많이 했더라면, 조금만 더 겸손했더라면, 나쁜 짓을 하지 않았더라면, 꿈을 꾸고 그 꿈을 이루려고 노력했더라면, 감정에 휘둘리지 않았더라면, 만나고 싶은 사람을 만났더라면, 기억에 남는 연애를 했더라면, 죽도록 일만 하지 않았더라면, 내가 살아온 증거를 남겨 두었더라면' 등등이다. 고개가 끄덕여진다. 이 모든 것이 물론 제약을 받는 부분도 있지만 그다지 어렵지 않은 일인데 후회 없이 사는 삶을 구상해 보는 것도 재고해 봐야 할 듯하다. 또한 죽음에 대한 준비가 덜 된 환자일수록 임종하는 마지막 순간까지 공포와 괴로움에 몸부림치는 경우가 많고, 힘들게 정복한 산도 언젠가는 내려가야 하는 것처럼 인생 또한 하강하는 것임을 깨달으면 두려움을 줄일 수 있다고 한다.

죽음을 맞이하는 마음은 누구의 말도 빌릴 수 없으므로 추측할 뿐이다. 함께 수학했던 문우는 죽음을 앞두고 자녀에게 엄마 없이도 강하게 살 것을 다짐 받았다는 말을 건네며 초연한 표정을 지었다. 한 손으로 들어도 안아 올릴 수 있을 것 같은 그녀의 작은 몸은 서서히 이승과 멀어져 가건만 의식만은 생생한 것이 안타까웠다. 자신의 사후처리도 가족에게 부탁하여 편안하다며 빨리 고통 없는 곳에 가고 싶다고 말하는 그녀의 눈가엔 눈물 따윈 미리 저승에 보낸 듯했다. 건강할 때 죽음을 준비하는 것은 아름다우나 빛깔마저 변한 채 매달려 있는 꽃은 처량하기 짝이 없다. 다행히 편하게 평소처럼 웃으며 떠났다는 말을 들었다. 장례식장, 단발머리 여고생 딸에게서 그녀의 생전 모습이 스쳐갔다.

멋지게 살고 아름답게 떠날 수 있는 인생의 끝을 곰삭혀 본다. 죽음에 대한 교육이 필요하다는 것이 느껴지고 남은 삶이 한층 귀하게 느껴지리라 생각한다. 잘 죽는 것(well-dying)이 잘 사는 것(well-being)과 연관되어 있다는 것도 확연히 알게 되었다. 삶이란 한 조각의 구름이 일어나는 것이요, 죽음은 한 조각의 구름이 사라지는 것이라고 했던 서산대사의 말처럼 본시 구름은 없는 것이다. 죽고 사는 것도 그와 같다지만 요즘 후렴구처럼 자주 들리는 부음소식이 서글프다. 목쉰 매미의 단독 공연이 귓가를 때린다.

박남례

창 작 노 트

나뭇잎이 고운 옷을 갈아입는
계절이 되면
소식 뜸하던 이들의 문자메시지
'언니의 계절이에요' 활자가 나를
행복하게 한다.
낙엽 한 잎 줍는 마음 영원히
간직하며 살아가고 싶다.

隨筆

봄비

무슨 소리일까, 잠결이라 잘못 들은 걸까, 아니다. 분명 무슨 소리가 들린다. 아직 어둠이 깔린 새벽이다. 살그머니 일어나 창가에 귀 기울여 본다. 연인들의 소곤거림 같다. 봄비 오시는 소리다. 온다는 소식도 없이 이른 새벽에 조심스레 찾아온 반가운 손님이다. 오랜 친구가 소식도 없이 찾아온 것처럼 반갑다. 봄 가뭄 끝에 내리는 봄비는 얼마나 반가운가, 단비라고 말하지 않던가. 봄비는 한 번 내릴 때마다 기온이 따뜻해진다. 세상에 생명이 있는 모든 것들은 봄비를 반갑게 맞이한다. 실눈을 뜨고 있던 새 움들은 수런수런 얘기를 나누며 기지개를 펼 것이다. 내겐 봄비 같은 친구가 있다.

어느 때든 시간에 구애받지 않고 찾아가도 싫어하지 않고 봄비 맞이하듯 반겨 주는 그런 친구가 있다. 그 친구를 알게 된 것은 라디오 방송 음악프로 덕이었다. 친구가 보낸 엽서에 적은 희망곡과 함께 내가 보낸 엽서가 동시에 소개되는 일이 종종 있었다. 그렇게 우린 방송 음악프로 단골 청취자로 만났다. 6,70년대 그 시절엔 집에서 부르는 이름과 애칭으로 부르는 이름을 따로 가지고 있는 것이 유행이었다. 친구의 애칭은 현아였고 나는 란蘭이었다. 난 가끔 다방 구석진 자리에 홀로 앉아 음악을 듣곤 했었다. 우린 찻집에서 그렇게 만났었다. 난 아무것도 모르고 음악을 들었지만 친구는 음악에 대해서 깊이 있게 많이 알고 있었다. 봄비라도 내리는 날엔 다방에 앉아 잘 알지도 못하는 음악을 들었다. 뭔지는 잘 몰라도 느낄 수는 있었다.

어떤 유명인이 진정한 친구 세 명은 있어야 성공한 사람이라고 말할 수 있다고 한다. 그 말에는 자신이 없다. 그 말을 듣고 손가락을 하나 둘 접었다 다시 펴기를 반복했다. 그 말을 떠올리면 내가 인생을 잘못 살았나 하는 생각을 많이 했는데, 정호승 시인의 '내 인생에 힘이 되어준 한 마디' 라는 책 내용의 글에 친구는 한 사람이면 족하고 두 사람이면 많고 세 사람은 불가능하다는 글에서 위안을 얻었다. 그 친구를 생각하면 행복을 느낀다. 새벽에 내려와 단잠을 깨워도 가뭄 끝에 내리는 비는 반갑듯, 새벽에 찾아가도 반겨 주는 친구가 있어 행복하다. 봄비가 내리고 나면 날이 따뜻해지듯 친구를 생각하면 마음이 푸근해진다.

비 중의 비, 봄비 내리는 걸 무척 좋아한다. 특히 봄에 안개비라도 내리는 날엔 마음은 어린 시절 고향으로 가 있다. 결코 즐거웠다고 말할 수 없는 어린 시절이 왜 그리워지는 것인지 모를 일이다. 봄비가 촉촉히 내리고 나면 뒤란 화단엔 살며시 땅을 뚫고 맑고 샛노란 싹이 돋아났다. 란蘭이었다. 가만히 들여다보고 있으면 흙이 움직이는 것 같이 보였다. 아니 정말 움직였다. 들녘은 온통 뽀얀 솜털을 내보이며 쑥들의 축제가 시작된다. 봄에 안개비가 내리면 쑥을 캐고 싶어 친구들과 쑥을 한 바구니 캐왔다가 새엄마의 손에 마당에 내동댕이 쳐졌다. 칼과 소쿠리 뽀얀 쑥이 뒤엉켜 마당에 널브러져 날 바라보고 있었다. 다음날 같이 쑥을 캐러 갔던 친구 종심이가 엄마가 쑥개떡을 만들었다고 주는데 쫄깃쫄깃 맛이 있었다. 그런데 자꾸만 눈물이 흐르고 목이 메어왔다. 종심이가 내손을 꼭 잡아 주었다. 종심이 손은 정말 따뜻했다. 지금은 떠나고 없는 종심이가 그때는 나의 유일한 친구였다.

어느 해 봄날 남편과 엄마 산소에 갔다 내려오는데 온통 들녘은 쑥 천지였다. 어린 시절이 떠올라 눈물이 왈칵 쏟아졌다. 쑥을 캐 보고 싶었다. 눈물을 애써 감추고 쑥을 캐자고 하니 갈 길이 먼데 빨리 가자고 하며 남편은 차에 오른다. 집에 와서도 못내 섭섭해 두고두고 말을 하니 다음 해에 가자고 한다. 다음 해 봄이 오기를 기다리는데 극심한 가뭄에 봄비 오기를 기다리는 마음처럼 지루하기 짝이 없었다. 1년 만에 찾아간 엄마 산소도 고향 들녘도 그대로였다. 신의 조화였는지 때마침 안개비가 뿌렸다. 쑥을 캐 봤지만 어린 시절 그 기분은 아니었다. 종심이가 없는 들녘은 황량하기 짝이 없었다. 안개비가 내리는 날이면 수런수런 얘기를 나누며 같이 쑥을 캤던 종심이가 그리워진다.

너무 고운 나이에 떠난 친구를 생각하며 그 빈 자리를 그냥 비워 두고 있다. 봄 안개비가 내리는 날에 고향 들녘에서 도란도란 얘기를 나누며 쑥을 캤던 그 때를 회상하면 안타깝지만 마음만은 순연해진다. 지금 종심이가 살아 있다 해도 특별히 잘해주지도 못할 것이다. 있을 때 잘하라는 유행가 가사가 생각이 난다. 현아는 이 하늘 아래 있어도 잘해주지 못하고 있으니 종심이가 옆에 있다고 달라질 건 없을 것이다. 옆에 있을 땐 평생 그렇게 있을 줄 알고 멀뚱멀뚱 있다가 막상 떠나면 요동을 치는 게 인간이 아닌가 싶다. 두 친구한테는 받기만 하고 해준 것이 없어 눈물이 나도록 미안할 뿐이다. 현아한테는 잘한 일이 딱 한 가지 생각난다. 까맣게 잊고 있었는데 지금 문득 생각이 난다. 현아가 첫 아이를 낳았을 때 산후 수발을 했던 생각이 난다. 그때 현아는 전주에, 나도 결혼해서 아이도 있었고 광주에 살고 있었을 때다.

제일 친한 친구의 기준을 두는 데는 사람마다 다를 것이다. 내 마음 속에 어떤 이야기라도 허물없이 나눌 수 있어야 함은 물론이고 어려운 일을 이해해 줄 수 있어야 할 것이며, 어떤 시간에 찾아와도 반겨 줄 수 있는 친구라면 최고라고 생각한다. 친구 현아하고는 그렇게 지냈다. 한 번도 얼굴을 붉혀 본 적이 없다. 친정집에 갔다가 속상한 일이 있으면 울면서 친구를 찾아가곤 했다. 울고 있는 나에게 '참말로 너의 엄마는 잘하는 것보다 지독하게 하는 것이 더 어렵겠다.' 한다. 실은 친구도 새엄마였다. 언니처럼 포근히 안아 주던 친구다. 봄비가 내려온 대지를 적시고 새싹이 돋아나듯 나에게 희망과 용기를 주던 봄비 같은 친구가 있어 나는 행복하다.

죽음에 대하여

'말기환자 연명치료 중단 가능' 이란 신문 기사가 눈에 확 들어온다. 생명의 존엄성에 대한 논란이 끊이지 않았던 사안이었는데 드디어 사회적 합의가 이뤄졌다는 내용이다. 보건복지부는 연명치료 중단 제도화에 필요한 쟁점 사항을 논의하기 위해 지난해부터 종교계, 법조계, 의료계, 시민단체 인사 15명으로 구성된 협의체로 그동안 7차례에 걸쳐 논의해 왔다고 한다. 연명치료를 중단할 수 있는 환자는 말기암 환자를 포함해 회생 가능성이 없는 말기 환자로 한정됐으며, 지속적인 식물상태 환자도 말기이면 포함되도록 했다고 한다. 이들에 대해 중단할 수 있는 치료는 인공호흡기 부착, 심폐소생술, 심장 활동을 유지시키기 위한 약물 투여 등 특수 연명치료이며, 수분이나 영양 공급을 비롯해 일반적인 치료는 중단할 수 없도록 했다고 한다. 평소에 소망하던 내용이라 정말 잘 되었다는 생각이 들었다. 죽음을 어떻게 대비해야 할 것인지를 생각을 하면서 희망사항도 많다.

평소에 말기환자 연명치료 중단이란 생각을 하게 된 것은 나이가 들어감에 따라 몸이 병들었을 때 자식들이 고통에 허덕이는 것을 많이 봐 왔기 때문이다. 아픈 이의 고통도 말할 수 없지만 자식들의 생존권까지 위협받는 경우가 허다하다. 처참한 현실을 부모로써 도움은 주지 못하고 자식들에게 짐만 될 수는 없는 일이다. 나 자신도 그런 고통스런 죽음을 맞고 싶지 않다. 그래서 언젠가부터 막연하게 생각만 하다가 구체적으로 계획을 세웠다. 언제 어디서 몇 시에 식물인간이 된다고 누가 예언해 주는 것도 아닐 것이기에 미리미리 대비를 해야겠다고 다짐했다.

죽음에 대한 나의 생각을 희망한다는 내용을 작성해 컴퓨터에 저장해 두었었다. '갑자기 긴박한 사태가 발생했을 때를 대비해 간절히 바라는 사항을 몇 자 적는다. 병에 걸려 치료가 불가능하고 죽음이 임박하리라는 진단이 내려진 경우 단순히 생명을 연장시키기 위한 연명조치는 일체 거부하겠습니다. 다만 고통을 완화하기 위한 조치는 최대한 취해주시기 바랍니다. 제가 갑자기 식물인간 상태에 빠졌을 때 회복이 불가능하다는 의료진의 판단이 내려지면 인위적으로 생명이 연장되는 조치는 하지 말아 주십시오. 남은 가족들에게 번거로운 절차는 생략해 주시고 이 내용으로 대신해 주시기 바랍니다.' 라는 내용이 담겨져 있다.

혹시 며칠 후라도 아니 몇 시간 후라도 긴박한 사태가 닥칠지도 모른다는 다급한 생각이 들어 3부를 복사했다. 본인 필체를 밝히기 위해 볼펜으로 작성자 박남례라고 힘주어 꾹꾹 눌러 썼다. 1부는 며느리에게 주었다. 제일 찾기 쉬운 곳에 두고 너의 신랑한테도 일러두라고 부탁했다. 평상시 수없이 되뇌이던 내용이라 별 거부감 없이 받아 보더니, "만약 긴박한 상황 시 이대로 행하면 저는 나쁜 며느리가 되는데요." 한다. "걱정하지 마라. 한 장은 딸한테도 줄 것이니까." 했다. 딸한테는 언니가 말하기 전에 네가 먼저 말을 꺼내라고 부탁

할 참이었다. 한 장은 내 침대 머리맡에 두었다.

평소에 죽음에 대해 많은 생각을 한다. 어떻게 죽고 싶다고 원하는 대로 되는 것은 아니지만 죽음에 대한 희망 사항이 참 많다. 내가 살아가는 삶도 원하는 대로 되지 않는데 죽음이야 더더욱 그럴 것이다. 뜻하는 대로 되지 않는 삶이라고 꿈 없이 살아갈 수 없듯이 난 죽음에 대한 생각을 계속 하며 살아가고 있다. 어느 지인의 아들은 밖에 나갈 때면 속옷을 지성으로 챙겨 입는다고 한다. 이유인 즉 갑작스런 사고를 당하게 되면 본의 아니게 남에게 속옷을 보여 줄 수밖에 없으니 미리 대비하는 거란다. 나는 자전거를 즐겨 탄다. 코스모스 하늘거리는 들판을 자전거로 달리다가 죽어도 괜찮겠다는 생각을 많이 한다. 무더운 여름날은 피하고 싶다. 자전거를 탈 때는 속옷은 넉넉하고 면으로 된 것을 택한다. 디자인이 영 마음에 안 들어 망설이면 며느리가 농담을 한다. "뭐 속옷 누구 보여 줄 일 있어요?" 한다. "알 수 없는 일이지." 하며 농담조로 웃으며 대답을 하니 속옷 가게 여인이 의아한 웃음을 흘리며 딸이냐고 묻는다. 자전거를 탈 때면 갑자기 사고라도 당하면 어쩌나? 속옷에 신경이 쓰인다.

언론 매체를 통해서 생명이 위태로운 상황을 종종 본다. 급하게 혈액을 구하고, 누군가 혈액을 공급해 주고, 생면부지의 사람에게 장기를 내어 주는 성스러운 사람들을 보면 절로 고개가 숙여진다. 사후 장기 기증이라도 해야지 해야지 되뇌이기만 하다가 몇 년이 훌쩍 지나가 버렸다. 이러다 갑자기 죽기라도 하면 어쩌나 싶어 늦은 감은 있지만 작년에 사후 장기와 각막 기증에 서명했다. 절차도 복잡하지 않고 간단했다. 전화 한 통이면 서류를 보내 오는데 서명해서 우편으로 보내면 된다. 기증증과 분홍색으로 된 갓난아기 눈동자만한 딱지는 주민등록증에 두 장 면허증에 두 장씩 붙이고 항상 지니고 다녀야 한다. 지니지 않았을 때 갑자기 일을 당하면 아무짝에도 쓸모없는 휴지조각에 불과하다. 건강하지 못해 낡아빠진 물건처럼 쓸모없을지도 모른다는 생각을 하면 면구스럽다.

나이 드신 어르신들의 대화 속에는 죽음에 대한 말이 많다. 죽음 복을 잘 타고 나야 한다고들 한다. 건강하게 살다가 어느 날 잠자는 것처럼 가고 싶다고들 한다. 그렇게 가는 사람들이 몇 명이나 될까 싶다. 그러고 보면 사람의 욕심이란 끝이 없는 것 같다. 죽는 날까지 희망사항이 참 많다. 나도 그 중 한 사람이다. 그런데 마음을 바꾸었다. 어떻게 가든 내 자식들 힘들게 하지 않고 갔으면 한다. 한 사람이 장기기증을 하면 아홉 명을 살릴 수 있다고 한다. 9명의 9자와 구하다의 구자를 해서 9월9일은 장기기증의 날이다. 이왕에 사후 장기기증을 약속하는 서약을 했으니 미약하나마 한 가지라도 쓸모 있는 게 있어 죽어 가는 사람에게 생명을 불어 넣을 수 있게 되길 간절히 소망해 본다.

햇살

오랜만에 맑은 햇살이 창가에 빛을 발한다. 엄마의 품속 같이 따스하고 포근한 햇살이다. 창문을 활짝 열고 온 가슴으로 심호흡을 하며 맞이해 본다. 수줍게 손을 내밀던 연록의 새싹들이 소녀 합창단의 화음을 내며 귓전에서 들리는 듯하다. 따스한 햇살을 받고 어린 새싹들은 무럭무럭 자랄 것이다. 새순들은 며칠만 햇살을 보지 못하면 제빛을 잃고 시름시름 앓게 된다. 사람이나 식물이나 햇빛의 중요함은 같은 것 같다. 어느 계절이고 햇살의 중요함은 말할 것도 없지만 계절마다 느낌은 정말 다양하다.

촉촉한 대지 위에 새 움들의 속삭임이 한창이다. 따스한 햇살이 사랑스럽게 안아 줘야 튼실하게 자랄 수 있을 것이다. 예전 집에서는 화초들이 충분한 햇빛을 받아 초롱초롱 생기가 넘쳐났었다. 거기다 나의 사랑까지 더해져 엄청나게 새순이 많이 올라와 난蘭 화분이 감당하지 못하고 갈라져서 이웃에 나누어 주었었다. 지금 살고 있는 이집은 햇볕이 부족해 화초들이 생기가 없다. 오후에 잠깐 비추는 햇살을 받으려고 화초들이 아우성이다. 아이들이 엄마를 부르며 엄마를 찾듯 햇살이 비추는 창 쪽으로 고개를 돌리고 손짓을 한다. 10여년 넘게 꽃을 피우던 난이 꽃망울은 고사하고 이파리가 제 빛을 잃었다. 어린 시절 내 모습과 흡사하다. 따스한 햇살 같은 엄마 품이 그리워 항상 시무룩한 시절을 보냈다. 사람이나 식물이나 환경이 얼마나 중요한 것인지 새삼 느낀다.

봄 햇살은 엄마의 따스한 품속 같다. 부드러운 봄 햇살은 어린 시절을 떠오르게 한다. 노란 햇살이 시골 마당 한가득 내려앉으면 화단 한쪽에선 샛노란 난초 새순이 살며시 올라와 봄이 왔음을 알린다. 손가락 같은 노란 새 움들은 흙을 뚫고 오롯이 솟아오른다. 이른 아침이면 눈 비비고 난초 앞으로 다가가 흙의 미세한 움직임을 확인하곤 했다. 흙이 살아서 움직이는 것처럼 느껴졌다. 행여 누가 밟기라도 할까봐 싸리나무 가지를 꺾어 새싹 주위에 표시를 해 주고 새싹 주위를 서성거리곤 했다. 햇살 아래서 살이 오르고 유화를 그리듯 진한 색으로 덧칠해 가며 쑥쑥 올라오는 잎들과 매일매일 눈도장을 찍었다. 마당 한쪽에는 싸리나무로 엮어 만든 닭장 속의 병아리들도 따스한 햇살 아래 어미 닭의 날갯죽지 속을 삐죽이 고개 내밀고 조심스레 빠져나와 삐악거리며 한걸음씩 나아간다.

온몸을 찌르듯 따갑고 날카로운 불 같은 여름날의 햇살은 우리에게 많은 것을 선물해 준다. 불같이 뜨겁던 여름날 같았던 내 삶을 돌아보면 인생이란 사계절과 같은 것이 아닐까 생각한다. 그걸 잘 견녀야만 내일이 있다는 걸 알게 된다. 때론 모든 것을 포기하고 싶을 때도 있었지만, 여름날의 햇살 같은 따가운 날을 잘 견디면 아름다운 가을이 기다리고 있다는 걸 난 어릴 때부터 어렴풋이 짐작하고 있었는지도 모르겠다. 여름날 뜨거운 햇살 아래 지쳐 나뭇잎들은 시무룩해진다. 저 나뭇잎들도 나처럼 가을이 되면 고운 옷으로 갈아입는다는 걸어렴풋이라도 느끼는 놈들은 잘 견딜 수 있을 것이다.

찬란한 가을 햇살은 언제나 그리움으로 다가온다. 떠나보냈던, 떠났던, 멀어져 버린 임이 그리워지고 고운 나이에 떠난 엄마와 친구가 그리워 몸살을 앓는다. 눈부신 가을 햇살 아래서 그립지 않은 이가 어디 있으랴. 그리운 이들의 발길이 내 발밑에 탁 멈춰 설 것만 같은 눈 시린 가을 햇살을 받으며 나뭇잎들은 곱게 물들어 간다. 모든 것들이 자취도 없이 사라질 것만 같아 가을이면 마음이 조급해진다. 어느 해 가을 햇살을 따라 길을 나섰다. 길 위는 온통 노란 은행잎들의 물결이다. 한 자루 가득 담아와 화단에 수북이 쌓아 놓고 바구니에 담아 거실이며 화장대 위 곳곳에 두고 가을을 즐겼다. 그래서 우린 제일 예쁠 때 스러져 내리는 떨 잎을 아쉬워하며 시로 남기고 노래를 만들어 부르나 보다.

따사로운 한 줌 햇살이 더없이 그리운 겨울, 이 겨울을 어떻게 보내느냐가 1년 사계절을 잘 살 수 있는지를 판가름한다. 춥다고 방안에 웅크리고 있는 겨울철이 햇볕이 부족하고 운동량이 부족해 우울증 환자가 늘어난다고 한다. 우울증으로 작년 한 해 동안 하루 평균 42명 꼴이 스스로 목숨을 끊었다니 놀라운 일이 아닐 수 없다. 농부가 씨앗을 보존하고 다가올 봄날을 준비하듯 겨울을 보내야 할 것 같다. 살갗을 파고드는 차가운 겨울날 따사로운 햇살이 더없이 고맙고 소중하게 느껴지는 때이다.

언젠가 티브이에서 봤던 한 구절이 생각난다. 햇살이라고는 구경조차 할 수 없는 지하방에 살던 한 소녀가 햇살이 너무나 그리워 벽에 그림을 그린다. 멋진 창문을 그리고 예쁜 커튼도 그리고 둥근 해가 크게 떠 있는 그림을 벽에 그려 넣고 행복해하는 모습은 가슴을 뭉클하게 했다. 행복은 누가 가져다 주는 것이 아니고 자신이 만들어 가는 것이라고 생각한다. 들길을 거니는데 한 줌 햇살이 머리 위로 살포시 내려앉는다. 아주 작은 들꽃들이 마음을 사로잡는다. 언제나 들길은 나를 유년의 뜰로 안내해 준다. 살며시 눈감고 열세 살 적 기억을 더듬어 따스한 햇살처럼 웃음 짓던 서른여덟 엄마 얼굴 떠올려 본다.

유채연

창 작 노 트

여름 끝이 아우성이다.
초록으로 들끓는 나무 숲이 그렇고
탱탱한 호박과 뙤약볕에 익어 가는
빨간 고추가 그렇다.
말끔히 헹궈 널은 모시적삼 같은
쪽빛하늘만 뭉게구름
사이에서 한가롭다.

隨筆

가슴으로 그리는 수채화
그곳에 지금
마른 나무에 비틀린 나뭇가지
호숫가의 쉼표

가슴으로 그리는 수채화

가끔 헐렁한 바람이 이는 마음을 어딘가로 가 뉘고 싶을 때, 나는 여행을 떠난다. 아침 일찍 수원을 떠난 차가 토요시장이 선 장흥 정남진에 도착한 시각은 오후 한 시가 훌쩍 넘은 때였다. 장시간 차를 타고 온 까닭에 몸은 피곤했지만 기분은 날아갈 것처럼 가벼웠다. 장흥은 이번이 두 번째다. 여행은 같은 곳을 가더라도 함께하는 사람과 때에 따라 매번 다른 느낌이 든다. 무엇보다 새로운 풍경을 접했을 때의 경이로움, 다른 삶을 살아 온 낯선 사람들과의 만남과 그 속에서 생각을 읽어 내는 일, 그리고 함께 공감하는 것, 그것이 바로 여행의 참맛이 아닌가 싶다.

정남진 탐진강가는 사람들로 가득했다. 강에 놓인 징검다리는 마치 색색의 꽃들이 떠 있는 것처럼 보이고, 어디서 몰려왔는지 시장 안에도 발 디딜 틈이 없었다. 처음 나의 눈길을 끈 것은 지역특산물인 표고버섯 외에 다문화가정 여인들의 전통음식이었다. 필리핀 바비큐, 몽골만두 등 그 생소함에 이끌려 천막 앞에서 발을 멈췄다. 양고기를 갈아 넣고 만들었다는 만두가 먹음직스레 보였다. 입에 넣자 담백하고 고소한 맛이 감친다. 월남 쌈은 소스의 향이 짙어서인지 도시에서 먹던 것과는 다른 맛이 느껴졌다. 무엇보다도 유창한 우리말을 구사하는 이국의 그녀들을 보며 나는 그곳에서 새롭게 다져지는 지역문화의 변화를 느낄 수가 있었다.

늦은 점심 후 찾은 회진 바닷가, 유채밭이 넓게 펼쳐져 있다. 예년 같으면 벌써 피고도 남았을 것을 늦추위 탓인지 몽우리만 풍성할 뿐 꽃은 아직이다. 끝없이 펼쳐진 노란 바닷가를 기대한 만큼 실망도 적지 않았다. 사진이나 찍고 가자는 일행의 말에 가까이에서 본 유채꽃, 고개를 흔드는 것이 마치 '서두르지 마라 때가 되면 만개 할 것이다' 라고 나를 타이르는 것처럼 보였다. 그렇게 보인 것은 사는 동안 어떤 순간도 소홀히 할 것은 없으며 놓쳐서도 안 된다는 생각으로, 여행길에 너그러워진 마음의 눈 때문이리라. 발길을 돌리자 멀리 선 붉은 태양이 숨을 곳을 찾고 있었다.

여행을 하다 보면 뜻밖의 일을 접하고 감동을 하기도 한다. 숙소에서 멀지 않은 산길 따라 아침 산책을 하던 중 시인이며 수필가이신 지연희 선생님의 시비를 만나게 되었다. 선생님은 내가 이만큼이라도 글을 쓸 수 있게 만들어 주신 분이다. 장흥은 땅 끝, 죄송하게도 그곳에 시비가 있는 줄도 몰랐고 혹 알았더라도 일부러 찾기는 먼 거리다. 예기치 않은 일이기에 감동은 더했다. 시비 앞에서 사진을 찍으며 선생님께 이런 내용을 전할 생각에 벌써부터 가슴이 설렜다. 그 바람에 소설가 이청준님의 고향이고 한승원님의 고향이기도 한 장흥 문인들의 글과 업적이 담긴 천관문학관을 둘러보게 된 것도 뜻깊은 일이었다.

장흥을 뒤로 한 채 차는 우주센타가 있는 고흥 외나로도를 향해 달렸다. 마침 대교기념탑 앞을 지나게 되어 잠시 멈췄다. 바닷바람이 차고 맵다. 주차장 구석진 곳으로 가 커피자

판기에 동전을 집어넣었다. 털커덕 기분 좋게 떨어지는 종이컵, 따스한 김과 향이 온몸에 스민다. 아직 내게 바람이 머물고 있는 것인가, 나도 누군가에게로 가 그렇게 스며들고 싶다는 생각이 든다. 길을 물으려 들어간 상점 안에선 무덤덤한 표정의 남자가 잘못 들어설 수도 있는 길까지 세세히 가르쳐 준다. 내 마음에 불고 있는 바람 때문인지 넘치는 그의 친절함 때문인지 아, 이 사람도 어디론가 떠나고 싶어 하는구나라는 생각이 들게 했다.

여행은 고향을 꿈꾸게 한다. 도시에서만 살았던 내게 마음의 고향을 그리게 하는 일이다. 하루가 다르게 택지로 변하는 도심근교를 벗어나 한적한 시골 길을 가다 보면 이름 모를 야생화나 풀섶을 뛰어다니는 들다람쥐, 바위틈에서나 볼 수 있다는 돌단풍꽃을 보게 된다. 때론 양지바른 곳에서 할미꽃도 만난다. 할미꽃은 돌아가신 외할머니를 그리게 되고, 졸졸 흐르는 시냇물이라도 만나면 물장구치던 손녀가 떠올라 손녀마냥 발을 담가 보기도 한다. 혹 대나무 숲이라도 지나면 전생에 살았을지도 모를 나의 집을 연상하고, 뒤 숲에서 나는 대나무 소리를 자장가 삼아 너른 마루에 누워 평온하게 잠이 든 나를 상상해 보는 것도 행복한 일 중에 하나다.

세상 모두가 풍경화라면 나의 여행은 내 가슴으로 그리는 수채화다. 사람과의 관계와 하루에도 수없이 많은 생각이 겹치는 일상, 그런 익숙함에서 벗어나 나만의 시간과 공간을 느낄 때, 눈에 들어오는 순간들 어느 하나라도 아름답고 소중하지 않은 것은 없다. 하찮은 냄새나 소음에서부터 먼지를 뒤집어 쓴 잡초일지라도 마음속에 그려 놓고 즐기는 기쁨은 여행을 하면서 시작된 것이다. 여행길에 들어서면 어느새 마음은 너그러워지고 부자가 된 느낌이 든다. 나는 부자가 되기 위해서라도 길을 떠날 것이다. 건강이 허락하고 주머니가 채워지길 바랄 뿐이다. 바람이 나를 또 부추긴다.

그곳엔 지금

버스에서 내리면 먼저 노점상들과 마주친다. 완도 미역 장사 옆에 채소 장사가 있고 그 옆에 앉은뱅이 의자에 걸터앉은 떡 장사 할머니가 있다. 봄이면 쑥떡, 여름이면 풋풋한 풋콩을 박아 만든 콩떡, 때마다 가지가지 색으로 가판대 위에서 들꽃처럼 피어오른다. 할머니가 직접 집에서 품앗이하기 때문에 다른 곳에 비해 푸짐하고 맛도 좋아 금방 동이 나곤 한다. 특히 인절미는 쌀알이 살캉거려 씹히는 맛이 그만이다. 덜 찧어서 오히려 맛이 있는 게 있는가 하면, 반드시 먹어 보아야만 속을 아는 송편처럼 사람 속도 그 깊이를 헤아리긴 쉽지 않은 일이다.

마트를 다녀오던 길에 할머니를 만났다. 어느 틈에 서로의 일상을 주고받는 사이가 되어 있는 할머니는 얼른 떡 한 귀퉁이를 떼어 건네준다. 맛이 어떠냐는 거다. 김이 무럭무럭 나고 뜨거운 팥 시루떡은 물어보나 마나 입안에서 눈 녹듯 사라진다. 그때 사내아이 하나가 구르듯 달려와 할머니 품에 안긴다. 예닐곱은 되어 보인다. '이구구구 내 새끼 인제 오능겨?' 아이를 부둥켜안은 할머니 손이 아이의 여기저기를 쓰다듬는다. 그러자 아이는 슬그머니 뒤로 물러나 못마땅한 눈빛으로 옷매무새를 다듬는다. '손주여, 기름 냄새가 싫어서 저러는 거여, 그래도 저것이 내 죽으면 물이라도 떠 놓을 눔여.' 누구냐고 묻는 내 눈짓에 답이다. 아이는 입고 있던 윗옷을 벗어 던지고 왔던 길로 다시 뛰어간다.

바닥에 떨어진 팥고물 같이 할머니가 살아온 삶은 편편치 않다. 떡시루 옆에서 새우잠을 자는 할머니의 휜 허리를 암으로 투병중인 아들과 어린 손자가 붙잡고 있다. 자신의 몸 하나도 건사하기 힘든 팔순 노인이 감당하기엔 무겁고 버거운 짐 덩어리다. '저거 보는 재미로 살어.' 당장 할 수 있는 게 떡 만드는 일과 그것을 내다 파는 일이 고작이라는 할머니는 손자가 벗어던진 옷의 보푸라기를 뜯는다. 종일 동동거려도 병원비는 커녕 생활비조차 턱없이 모자란다는 할머니, 장맛비보다 궂은 고단한 삶이다. 애면글면 속을 끓이며 그래도 웃음을 놓치지 않는 얼굴에 노을빛 잔주름이 거미줄 같다.

할머니가 나를 부르는 호칭은 '이쁜이' 다. 처음 본 날 '참 곱네.' 라고 말한 그때부터 마주칠 때마다 '이쁜이 왔구나.' 라며 환한 웃음으로 반긴다. 이순을 바라보는 나이에 그런 호칭을 듣는다는 것이 다소 민망한 일이긴 하지만 그래도 싫지는 않다. 어머니처럼, 때론 고모나 이모처럼 푸근한 말투가 편안하다. 가끔은 곰삭은 정을 끄집어내듯 삭힌 고추며 깻잎 장아찌를 준비했다가 따로 챙겨 주기도 하고, 어느 땐 청국장을 만들어 주는 등, 살가운 정을 쏟는다. 나는 답례로 머플러나 털신을 선물하기도 하며 할머니와의 인연을 차곡차곡 쌓아갔다.

그런 어느 날, 할머니와의 사이에 금이 생겼다. 그즈음 할머니는 자주 멍한 눈빛을 하늘로 보내곤 했었다. 아들 때문에 한숨짓는 날이 잦았다. 누구보다도 그 사정을 잘 아는 나로서도 어떻게 할 방법 없이 겨우 말동무나 해 줄 뿐이었다. 그렇게 얼마가 지나고 결국, 보다 못한 내가 거들려고 나섰다. 당분간 장사를 접고 아들 곁에 가 있는 게 어떠냐고 물었다. 필요한 만큼의 손해는 내가 보태겠다는 의견도 조심스레 내놓았다. 그 말이 떨어지자마자 할머니는 갑자기 목청을 돋군다. '네가 이 썩어 문드러진 늙은이의 속 맘을 뭘 안다고 잘난 체야! 이쁘다 이쁘다 하니까 정말로 지가 잘난 줄 아는 가벼, 건방진 것 같으니라구.' 청천벽력 같은 분노다.

그날 이후 나의 발길은 멎었다. 그러나 마음은 늘 편치 않았다. 그리고 달포가 지난 오늘에야 비로소 할머니를 찾았다. 그곳은 텅 비어 있었다. 여태까지 만든 가래떡이 지구를 칭칭 감고도 남았을 거라며 길고 긴 신세 한탄을 늘어놓던 할머니. 생명줄인 떡시루가 길에 나동그라지고 깨져도 아랑곳하지 않으며, 그 순간에 해야 할 것은 오로지 그것 뿐이 없다는 듯 고래고래 악을 쓰던 모습이 생생히 떠오른다. 무엇이 그처럼 할머니를 화나게 했을까. 어떠한 타협도 당할 수 없는 그것은 무엇이었을까. '그 웬순 빨리 죽지두 않아.' 돌아서며 혼잣말을 중얼거리던 뒷모습이 아직도 뇌리에서 떠나지 않는다.

늦가을 저녁 해가 숨 가쁘세 서두르는 오후, 남자아이 하나가 건널목에 서서 파란 불이 켜지길 기다리고 있다. 아직까지 남아 있는 노점상들은 성일 아파트 담벼락에 붙박이처럼 붙어 있다. 나는 오늘 그곳에서 할머니 아들의 죽음을 들었다. 잘 된 일일까. 아님 슬픈 일일까. 도무지 가늠할 수 없는 착잡한 심정은 쉽게 발걸음을 떼지 못하게 한다. 거리엔 누런 낙엽들이 잔바람에 한가로이 뒹굴고, 할머니의 빈 자리에는 붉은 고무 함지박만 남아, 낡은 의자위에서 휭그러니 나를 쳐다보고 있다.

마른 나무에 비틀린 나무 가지

며칠 전, 산책로를 걷다 나무 한 그루 쓰러져 있는 것을 보았다. 자전거에 부딪히기라도 하였는지 파인 자국이 선명한 나무는 뿌리가 하늘을 향해 있었다. 오늘 다시 그 앞을 지나는데 그 사이 나무에는 꽃이 피었다. 뿌리가 송두리째 뽑혀져 하늘을 보고 있어도 나무는 꽃을 피웠다. 몸속에 남아 있던 양분과 수분 한 방울까지도 모조리 짜내어 꽃을 피워냈을 나무, 문득 어머니의 얼굴이 떠오른다. 마른 나무가 내 어머니를 닮았다면 어머니를 헤아리지 못한 나는 햇살 좇아 비틀어진 나무 가지이다.

작은언니에게서 연락이 왔다. 어머니가 쓰러져 응급실로 가고 있는 중이라고 한다. 관절염으로 거의를 눕거나 앉아만 계시는 터라 가끔씩 속이 불편하다는 말은 들었지만 이처럼 응급실에 실려 가는 일은 처음 있는 일이다. 제발 아무 일이 없기를 바라는 마음으로 손을 움켜쥔 채 들어선 응급실은 정신없이 분주했다. 고통을 호소하는 환자들의 신음소리, 그 가족들, 바삐 움직이는 간호사들 틈에서 작은 체구의 어머니를 발견했다. 철침대 위에 웅크려 누운 어머니를 보자 눈물이 쏟아졌다. 들키지 않으려 돌아서는데 뒤에서 힘없는 어머니의 목소리가 들렸다. 뭐 하러 왔니.

병명은 노환이었다. 병실로 옮긴 어머니는 조금 전 막 잠이 들었다. 며칠 동안 미음도 제대로 넘기지 못했다던 목에서 가래 끓는 소리가 난다. 간간히 시골 가설 극장 무대 걷을 때나 날 법한, 허망한 망치 소리 같은 신음 소리가 가슴을 아리게 한다. 가랑잎 같이 가벼워진 몸. 자식들에게 다 내어줘 납작해진 가슴. 그 위로 두 손이 떨어진 듯 얹혀 있다. 광목 이불 속으로 거친 손을 더듬어 자는 아이들 뺨을 어루만지던 손엔, 여러 갈래의 줄이 늘어져 마치 막간을 이용해 쉬고 있는 헝겊 인형을 보는 것 같았다.

낮술을 마셨는지 발그레한 벚꽃 잎들이 호들갑을 떨며 땅으로 떨어지는 오후, 형제들이 모두 한 자리에 모였다. 저마다 가슴을 쓸어내리며 놀랐던 순간을 이야기 하고 있었다. 그 때 누군가 어머니에겐 치매도 진행 중이라는 사실을 알려 주었다. 하늘 무너지는 소리가 들려서일까, 그 순간 아무도 다음 말을 잇지 못했다. 청천벽력이다. 나는 창가로 가 아무 생각 없이 떨어지는 꽃잎을 세고 있었다. 어디까지 세었는지 자꾸 헷갈린다. 그럼에도 나는 떨어지는 꽃잎을 다 세어야 하는 명령을 받은 로봇처럼 온 정신을 거기에 쏟아 세고 또 세기만을 계속했다.

노인병의 하나인 치매, 당신의 의사와는 상관없이 미로의 세상을 더듬는 어머니를 상상한다는 것은 힘든 일이다. 더구나 지금보다 더 심해지기라도 한다면 그때는 더욱 큰일이라는 생각이 앞섰다. 함께 살고 있는 작은언니에게만 모든 것을 떠넘길 수는 없는 노릇이다. 현실은 그리 만만치 않다. 시모를 모시고 있는 큰언니, 병상에 있는 남편을 시중들어야 하는 여동생과 아직 돌봐야 할 어린 아이들이 있는 막내동생,

그리고 시누이들이 많으니 처분만 기다릴 어린 올케, 누구의 사연도 저울질할 수가 없었다. 저마다 삶의 무게가 큰 것을 잘 알고 있다. 나 역시 선뜻 나서지 못하고 마른 나무가 되어버린 어머니의 무게를 어쩌지 못해 눈치만 보아야 했다.

퇴원 후 어머니는 여전히 병석에 있다. 스스로 수저를 들 수 있다는 것 외에 그다지 만족할 만한 건강을 되찾은 것은 아니다. 예전엔 운동 삼아 서성이기도 했지만 지금은 그것조차 힘에 부치는지 방에 누워만 있으려 한다. 시력도 청각도 전 같지 않아 망가진 소리 하나하나 매만지며 자식들 건강을 챙긴다. 오늘도 숨 가쁜 어머니의 목소리가 전화선을 타고 들려왔다. 밥은 먹고 다니느냐, 가없는 어머니의 사랑이다. 끊어질 듯 이어지는 의식의 가닥을 이어 더욱 서두르는 것이 안타깝기만 하다. 당신도 자신의 아픔을 잘 알고 있기 때문이다. 나는 그 어머니를 아직도 곁에 모시지 못하고 있다.

가로수가 차츰 초록빛으로 물들고 있다. 계절은 서서히 무르익는다. 세상의 모든 것들은 제 할 일 바빠 내 슬픔 따위에는 아랑곳없다. 잠자듯 조용히 데려가 달라던 어머니의 간절한 기도 소리, 나도 그런 기도를 드린 적이 있다. 누구를 위한 기도였을까. 부끄럽게도 변명할 자신이 없다. 마지막 힘을 다해 꽃을 피운 나무처럼 인고의 삶 속에서도 꽃을 피워 낸 어머니. 나는 그 앞에 본연을 저버리고 햇살 따라 비틀어진 나뭇가지임에 틀림이 없다. '우리 엄마는 치매 같은 거 안 걸려' 하던 막내동생의 울음 섞인 목소리가 귓속을 파고든다.

호숫가에서 쉼표를

호숫가에 이르자, 연 날리는 풍경이 눈앞에 펼쳐지고 있었다. 어른들은 물론 아이들도 여럿 보이고 지긋한 초로의 신사도 눈에 뜨인다. 대회라도 있는 것인가 하고 가까이 다가갔다. 때마침, 예닐곱 살쯤 되어 보이는 남자아이 손에서 가오리연 하나 하늘 높이 치솟다 이내 중심을 잃고 곤두박질치는 것이 보였다. 아이는 줄에 매달려 나온 젖은 연을 보고 안타까이 발을 구르며 울음을 터뜨린다. 언제쯤이면 아이는 세상 일이 마음대로 되지 않는다는 것을 알게 될까. 산다는 것은 세상과 더불어 걸어가며 비우고 채워야 하는 긴 여정인 것이다.

어릴 적부터 도시에서만 살아온 나는 연날리는 풍경을 볼 기회가 많지 않았다. 더구나 가까이에서 직접 본 것은 이번이 처음이다. 치마연, 문어연, 이름도 가지가지인 연은 모양과 크기도 각기 다르거니와 색색의 다른 문양으로 서로를 뽐내고 있다. 가운데 방구멍이 뚫려 있는 방패연은 바람이 잘 통해 마실 나온 노인처럼 유유자적 한가롭다. 반면 가오리연은 긴 꼬리를 흔들며 촐싹거리는 것이 개구쟁이 조카를 보는 것 같아 입가에 웃음을 번지게 한다. 앉은 채 눈으로만 연을 따라다니는 사람이 있는가 하면 얼레 잡은 손을 따라 이리저리 뛰어 다니는 사람들이 있다. 그들 눈빛에서는 활기찬 희망의 삶이 엿보인다.

'동물들의 건축술' 이란 제목의 다큐멘터리를 본적이 있다. 조금때가되면 쇠스랑게는 갯벌 위에다 탑처럼 높게 집을 짓는다. 통풍과 물의 압력을 조정할 기능을 갖춘 매우 과학적인 구조로, 보름 동안을 공들여 짓는 요새라고 한다. 그러나 사리 때 만조가 들면 바닷물에 휩쓸려 모두가 물거품이 되고 만다. 우리네 삶도 마찬가지일 게다. 뜻하지 않은 일로 쌓았던 지위나 명예는 물론 재산까지도 한 순간에 잃어버리고 마는 경우가 있지 않던가. 그런 것을 보며 세상 살이란, 욕망과 집착이 만들어 내는 거품은 아닐까 라는 생각을 하게 된다. 잘 산다는 것은 끊임없이 거품을 걷어내며 그 속에서 하나씩 삶의 지혜를 배워 가는 것이리라.

연 하나 떨어져 물위에서 자맥질을 한다. 자맥질을 하는 게 또 있었다. 바로 청둥오리다. 내가 서 있는 가까이에서 주위를 빙빙 돌며 자맥질 하던 청둥오리 한 마리, 갑자기 푸드덕 날아올라 연과 연 사이에서 날갯짓을 한다. 그리고 멀리 달아난다. 남아 있던 오리도 일제히 그 뒤를 따라 날아 간다. 아마도 처음 날기 시작한 오리가 무리 중 우두머리였는가 보다. 언뜻 보아도 머릿결에 광택이 있고 목에 흰 띠가 둘려 있는 것으로 보아 수컷임에는 틀림이 없다. 오리들도 새처럼 저들만의 언어가 따로 있다고 들었다. 우두머리의 울음소리에 따라 위험을 감지하거나 가야 할 목표를 정하고 일사분란하게 움직인다. 그것들만의 사는 방법일 테다.

나는 요즘 들어 자주 자연 앞에 서성거리곤 한다. 예전 같으면 돌부리에 걸려 넘어져도 툭툭 털고 아무 일 없었다는 듯 일어서곤 했었는데 언젠가부터 그냥 주저앉고 싶을 때가 많아졌다. 누군들 처음부터 힘겹고 고달픈 생을 걷고자 했겠는가. 되돌아가지는 못할 지언정 가끔씩은 쉬어 가며 재충전 할 필요는 있다. 그래도 허방다리 안 짚고 여기까지 걸어온 것만 해도 다행한 일이다. 때론 후회도 하고 곪아 짓무른 발바닥의 아픔에 원망도 했지만 어느 결에 한 겹씩 굳은살은 떨어져 나갔다. 바람소리, 새소리, 흐르는 물소리에 가만 귀를 기울이다 보면 어느새 상한 마음은 비워지고 새로운 다짐으로 가득 차오르는 것을 알 수 있다.

석양이 물든 호수가 바람에 찰랑거린다. 화려한 장식을 한 무희의 옷처럼 눈이 부시다. 툭, 하고 노을을 건져 올리듯 철새 한 마리 호수 면을 치고 오른다. 꼬리를 잡고 따라 오르는 황금빛 구슬들, 벅찬 감동이 가슴에 와 닿는다. 이곳에 오길 잘했다. 머리가 한결 맑아지는 느낌이다. 긴 겨울의 고독을 달군 희망의 싹이 내게서 고개를 내밀고 있다. 꽃샘추위가 제아무리 발버둥을 친다 해도 봄은 오고, 내겐 가야 할 길과 가고 있는 소중한 삶이 아직 남아 있다. 그런 나 자신이 고맙고 감사하다. 쉽지 않은 일이긴 하지만 마음 비우는 연습을 게을리하지 말아야 겠다는 생각이 든다. 그것이 지금을 사는 나의 방법이겠다.

어느새 사방은 어두워졌다. 주위의 사람들 모두 어디론가 사라져 버리고 땅거미가 숨어들은 호수는 건너편에서 새어 나온 불빛으로 반짝인다. 새들도 일찍이 잠을 청하고 있는지 잠잠하다. 어디선가 새싹들이 움트는 소리가 들리는 듯하다. 바람에 몸을 맡긴 호수는 여린 살결로 떨고 있고 나는 마음 속에 스며드는 쉼표 하나 호숫가에서 건져 올렸다. 봄바람이 차다. 가까운 곳에서 따뜻한 커피라도 한 잔 마시고 갈까 했지만 집으로 가 쑥향 가득 차를 우려야겠다. 마음에 비질하는 나무 한 그루, 내 이름 석 자 새겨 조용히 호숫가에 심어 놓는다.

전옥수

창 작 노 트

숨죽이며 흐르던 시간의 뒤편에 서서
녹슬어 버린 찰나 한 줌 부여잡고
사포질한다.

詩

01 감자

택배 아저씨 어깨에서
팽개쳐진 라면 박스 하나
모서리와 꼭지점은
툇마루 밑에 넣어 두고
두리뭉실 질끈 묶여 우리 집에 왔다
삐뚤빼뚤 집 주소는
심한 멀미로
한쪽 귀퉁이에 숨죽이고 누웠다
호미 끝 반짝이며
알토란 같이 캐 담은 그들 속에
흙빛 어머니 얼굴 푸근히 웃고 있다
부슬부슬 하얀 분 바르고
식탁에 오른 찐 감자
신 김치와 먹으려다 울컥 목이 메인다
누런 양푼 언저리에
어머니 무릎관절이 울고 있었다

02

당신의 두 발

미동조차 할 수 없이 숨 막히는 공간
가죽 구두 속 하루가 저물어
현관 바닥에 시커먼 굴레 한 겹 벗었다
땀에 전 양말 번데기 허물처럼 밀어내고
허여죽죽 고된 하루 기지개켠다

따스한 대야 물에
두발 끌어 앉히고
무릎 꿇은 두 손으로 쓰다듬으면
제자들의 발을 씻긴 주님의 눈물이
대야 속을 첨벙댄다

엉겨 붙은 허연 표피 부끄러워
발그레진 두 발
하얀 거품 살며시 감싸면
쑥스러운 너털웃음
짓누르던 삶의 어깨 허허 털어낸다

불쑥 솟아 불거진 푸른 정맥 타고
아들딸 심장으로 피 흐르고
거칠어져 딱딱해진 발꿈치엔

가족을 지탱하는 힘 다져진다

당신의 두 발을 닦으며
내 안에 쌓여 있는 교만도 닦고
세상에 지친 당신의 눈물도 닦는다

03

멸치

산홋빛 꿈 파닥이며
바닷속 하얘지도록 질주했었다
붉은 파도 바위 맞서 포말 뿌리듯
촘촘히 얽어진 망에 갇혀서도
날아오르기는 멈출 수 없었다
급박해진 호흡 가늘게 잦아들고
쫓겨가는 썰물처럼
찜 틀 속 안락에 몸을 맡겼다
스치는 정적에
몸서리치며 돌아누웠다

견딜 수 없는 화기
시달리고 말려지는 수 차례의 고문
부서질 듯 마르고 틀어진 육신
내장 속에 가득 찬 새까만 분노는
끓어오를수록 더 강한 쓴맛으로
응고되어 갔다

자괴감에 서성대는 그들
연산홍 꽃밭 위로 초대하여
말을 건넨다

꿈을 건넨다
간간히 날카로운 갈빗살로 손끝 찔러대지만
배배꼬인 검은 내장 다 비워내자
다소곳이 순응하는 멸치 멸치들
구수한 환생이다

04

봄의 진통

출산 앞둔 막바지 진통
하늘빛 노랗게 번져 가던 밤
혼미해진 틈으로
별 두어 개 번쩍이더니
하얀 눈물 담뿍 쏟아냈다
기진맥진
난산인가 보다

햇살 받아 발그레한 얼굴
새근대는 두 볼 반짝임과
연둣빛 숨소리는
그대 혼의 결정체
봄이다

05

사월에 – 천안함 비보를 접하고

사십육 명 호흡이
급박하고 애절해서
미로처럼 오그라든 혈관 비집고
뜨거운 눈물로 범람하던 사월

차마
꽃잎을 열고 숨 쉴 수 없었다
짓누르던 바위
하얘지도록 압박해도
메이고 아려
도저히 하늘을 볼 수 없었다

사월이 다 지나도록
입술 꽉 다문 채 말라가던
붉은 철쭉
서로 다른 꽃잎으로 정지되어
바위틈에서 뿌리 째 뽑혀 갔다

06

색 바랜 장미

초경의 콩닥거림
겹겹 꽃잎 속에 감추고
열다섯 살 소녀의 수줍음
신기루처럼 붉어지던 그날
햇볕도 바람도 잠잠히 녹아들어
가시마저 싱끗 미소로 돋았었다

박하사탕 입안에 단물 퍼지듯
들큰한 두근거림 온몸 흔들다가
서늘하게 스며 오는 한기
불혹의 벼랑 끝에 선 그녀 앞에
바람이 인다
바람이 운다
부풀어 축 처진 대접만 한 꽃잎
발에 밟힌 광고지처럼
색 바랜 처연함 천 근 무게다

속절없이 가시만 독을 품는다

07

찬바람이 찍고 간 마침표

조만간 밥 한 번 먹자더니
섣달 그믐날
그녀는 차가운 마침표 하나 찍었다

누런 국화숲 속에 둘러싸여
물끄러미 웃고 있는 그녀의 눈빛이
채도 낮은 슬픔으로 울컥 울컥
내 가슴에서 자맥질한다
광안리 바다도 퍼렇게 젖어 운다

한 코 한 코 그녀의 체취 묻은
카키색 손뜨개 목도리
서랍 깊숙한 곳에서 꺼내어 목에 두른다
너덜거리던 표피 억지로 뜯어낸 상처처럼
아릿한 그 무엇 온몸 파고든다
금새 그녀를 괴롭히던
암세포의 표독스러움이 심장까지 후벼판다

오래전 쓰던 사전 귀퉁이처럼 푸석하게 닳아
익숙해져 버린 지키지 못한 약속
마흔아홉에 달랑 찍어 버린 마침표 하나에

봄바람이 살포시 꼬리 하나 달았다

잠깐의 숨고르기
계속 진행 중 이다 우리는

08 카타르시스의 부재

잘 닦여지지 않던 마음 창에
묻어 있는 서너 가닥의 스크래치
길 묻듯 조심스럽게 끄집어냈다
그 말 부메랑 되어
서리 덮인 벼랑 끝으로 한참을 몰고 갔다

폭염으로 달구어진
팔월의 몇 날들을
구덩이에 던져진 요셉처럼 웅크린 채 보냈다

긴 동굴 지나
빛의 현기증 느낄 때
그 날
그 모임 속엔
카타르시스가 존재하지 않았음을 알았다

이선숙

창 작 노 트

등대 같은 삶을 살고 싶어
맑은 우물물에 나 자신을 비쳐 본다.
날마다 영혼을 닦는 연습으로
늦은 가을을 보내고 싶다.

隨筆

바가지

캐나다에서 사는 작은언니가 귀국을 해서 큰언니 집에서 모였다. 십 년이 지난 후에야 우리 세 자매가 한 자리에 있게 된 것이다. 반가운 마음 그지없는 가운데 밤이 깊어 가도록 그리움에 쌓인 마음들을 풀고 새벽녘에 잠자리에 들었다. 늦은 아침을 먹고 집에 오려고 준비하는 내게 큰언니는 집 앞의 공터와 뒤뜰에다 심어 말린 시래기와 무말랭이 강낭콩 등을 싸 주기에 여념이 없다. 이것저것 챙겨 넣은 가방에 큰언니는 작은 조롱 바가지 두 개를 주었다. 웬 바가지냐고 묻는 내게 간장이나 물을 떠먹을 때에는 무공해인 진짜 조롱박으로 만든 바가지가 몸에 좋다고 했다. 시대에 맞지 않는 물건이지만 언니의 성의를 봐서 잠자코 받아 넣고는 간장을 담으려고 뒤곁으로 갔다.

큰언니가 담은 간장은 정말 감칠맛이 있다. 해마다 한 병씩 얻어다가 국 끓일 때 간을 하면 어떤 국이든지 조미료를 넣지 않아도 맛있는 국이 된다. 병을 가지고 장독대에 올라가 간장 항아리를 여니 햇빛에 잘 갈무리된 국 간장 특유의 단내가 난다. 간장위에 둥둥 떠 있는 자루가 긴 조롱 바가지로 한 병 가득히 담았다. 언니 말을 듣고 보니 언니네 간장이 이 조롱 바가지 때문에 더 맛이 있는 것은 아닌가 하는 생각이 들었다. 새삼 조롱 바가지가 정겹다.

어릴 때 어머니는 봄이 되면 헛간 옆이나 돼지 집 옆에 박씨를 심으셨다. 싹이 나서 자라면 옆에 구덩이를 파고 돼지 오줌을 퍼서 주곤 했다. 덩굴이 뻗어 올라갈 때쯤 소나무 작대기로 버팀목을 해 주면 지붕을 타고 올라가 여기저기 박꽃이 피고 박이 열리기 시작한다. 저녁을 먹고 마당으로 나가 보면 달빛을 받은 박꽃들이 엄지만 한 박을 매달고 벙싯거린다. 한 낮이 되면 웬종일 머무는 햇살을 받고 박들이 영글어 간다. 헛간 초가 지붕 위에는 큰 바가지로 쓰는 박들이 주렁주렁 달리고 돼지 집 지붕 위에는 조롱박이 조롱조롱 매달렸다. 덜 익은 박을 잘라 씨를 빼서 박고지를 해서 말렸다가 정월 대보름날 갖은 양념에 들기름 듬뿍 넣어 무쳐서 볶아 먹는 맛은 일품이다.

지붕 위에서 뜨거운 여름 햇볕에 잘 영글은 박은 톱으로 타서 속을 빼낸 뒤 삶아서 바가지로 쓴다. 어머니 아버지나 머슴들이 탄 박은 힘이 좋아 쪽 고르게 타지는데 세 살 위인 오빠와 내가 한 팀이 되어 탄 박은 울퉁불퉁 짝짝이로 타진다. 쪽 고른 바가지는 물바가지로 사용되고 우리가 탄 찌그러진 바가지는 거름 퍼내는 데 사용됐다. 조롱 바가지는 잘 말린 다음 끝을 송곳으로 뚫어 노끈으로 엮어 놓는다. 부엌 처마 끝에 매달아 두었다가 간장독에서 간장 퍼 올 때 쓰고 한겨울에 큰독으로 담았던 동치미 국물 뜨는 데 썼다. 살얼음이 살짝 얼어 있던 동치미 독 속에는 항상 조롱 바가지가 있었던 기억이 난다.

마당가에 있는 펌프 옆에는 귀가 나간 오지 그릇이 있었다. 그릇 속에는 마중물로 쓰려고 항상 물이 담겨 있고 약간 금이 간 바가지가 떠 있었다. 어머니는 아주 깨져 못쓰게 될 때까지 그 바가지를 버리지 못하게 했다. 여름날 밭일 하시다 점심 드시러 와서는 펌프에서 퍼올린 시원한 물을 물때가 찌든 바가지로 받아 마셨다. 나이를 먹으니 어머니와 함께 그 깨진 바가지도 그립다.

박으로 만든 바가지는 점점 사라지고 플라스틱 바가지로 대체됐다. 우리 집 욕실에도 이십 년이 넘은 파란 플라스틱 바가지가 있다. 열 번 가까운 이사를 다닐 때마다 따라다닌 욕실 터줏대감이다. 내 삶의 반 페이지를 넘길 때까지 함께한 바가지다. 몇 년 전에 너무 오래돼서 버리려고 밖에 내놓았었다. 포장이사 직원이 다시 가져다 욕실에 두고 가는 바람에 이별의 위기를 넘기고 또 다시 요긴하게 쓰여지고 있다. 찌든 양말이나 걸레에 세제를 풀어 담가 놓을 때는 이 바가지가 적격이다. 온갖 더러운 빨래가 깨끗해지는데 큰 몫을 담당한다. 눈에 넣어도 아프지 않은 일곱 살과 다섯 살이 된 손녀와 손자의 기저귀는 항상 이 바가지에다 따뜻한 물을 받아 담갔다가 빨곤 했다. 깨져서 못 쓰는 그날까지 남은 내 삶의 페이지를 넘기며 함께할 것이다.

요즘 신문이나 TV를 보면 바가지보다 못한 사람들이 많다. 농부가 일년 내내 피땀 흘려 농사를 지어 애써 수확한 곡식들을 몰래 트럭에 싣고 가는 사람이 있는가 하면, 용돈을 주지 않는다고 칠순 노모를 상습적으로 폭행한 불효자식도 있다. 간장 항아리에 떠서 양념으로 쓰일 간장을 퍼내는데 할 일 다하는 조롱 바가지, 금이 갔지만 깊은 우물에서 길어 올린, 정신이 번쩍 나는 시원한 물을 담아 여름날 더위에 목마른 우리 어머니 갈증을 풀어 주던 바가지, 지금도 내 집 욕실에서 온갖 허드레 것을 담아 쓰도록 대기하고 있는 플라스틱 파란 바가지, 이것들은 인륜과 도덕을 무시하고 사는 사람들보다 세상에서 유용하게 쓰여지고 있다. 언니가 준 조롱 바가지 하나는 남편이 아침마다 길어 오는 약수물 떠먹는데 쓰고 또 하나는 아껴 두었다가 요긴하게 써야겠다.

시드니에서

겨울바람이 기세가 꺾이고 살얼음 밑으로 조금씩 흐르는 개울물 소리가 봄을 예감하게 하는 계절에 정신없이 바쁘게 돌아가는 일상의 굴레에서 탈출을 시도했다. 여행을 계획한 것이다. 여행은 자신의 삶의 흔적들을 돌아볼 수 있는 좋은 기회가 되는 것 같다. 자신이 속해 있는 곳을 떠나 새로운 곳으로 발을 딛는 설렘은 여행이 주는 독특한 매력이다. 목적지를 호주의 시드니로 정한 다음 생활이 주는 심적인 무게들을 훌쩍 내려 놓았다. 비행기에 앉는 순간 다소 긴 비행시간에도 불구하고 생각을 비워 버린 머리가 가벼워져 모처럼의 여유를 즐겼다.

시드니의 호텔방 창문까지 날아와 지저귀는 새소리에 눈을 떠 보니 아직 이른 새벽이었다. 더 누워 있어도 잠이 올 것 같지 않아 정원을 산책했다. 촉촉하게 젖은 잔디밭을 걷는 것만으로도 몸속에 스며 있는 탁한 기운들이 신선한 새벽 공기에 밀려 배출 되는 것을 느꼈다. 우리나라에서 볼 수 없는 열대성 정원수들과 우기가 끝나고 건기에 접어들면서 피기 시작한 갖가지 꽃들이 만들어 낸 빛깔이 너무 아름다웠다. 바람에 실려와 코끝에 머문 향기를 맡으니 다른 세계에 와 있는 것이 실감이 났다.

호텔에서 간단한 조식을 마치고 시드니 관광을 나섰다. 시드니는 세계 3대 미항에 속해 있으며 호주를 대표하는 아름다운 항구도시로, 세계적으로 유명한 관광명소이다. 유명한 오페라 하우스와 하버브리지 등 그림엽서에서 보는 것들이 펼쳐져 있는 도시 전체가 볼거리로 가득 차 있었다. 자연의 축복을 마음껏 누리는 고풍스럽고 세련된 향기를 품고 있는 곳이다. 바다를 향하고 있는 해안 도시들과 어우러져 비릿한 내음을 풍기며 저마다 각기 다른 멋을 가지고 있는 항구들을 둘러보고 로즈베이가 내려다보이는 언덕에 올라갔다.

로즈베이는 장미만이라고 불리는 호주의 항만이다. 호주의 원주민인 에보리진족이 침략자인 영국군과 싸울 때 죽어가며 흘린 피가 만으로 들어온 바닷물을 붉게 물들여 장밋빛으로 보였다고 해서 로즈베이로 불렸다고 한다. 총이나 대포로 무장한 영국군에게 도끼나 창 같은 원시적 무기로 대항하여 자기들의 삶의 터전과 가족을 지키기 위해 죽어 간 원주민들의 애달픈 사연을 간직한 곳이다. 지금도 저녁노을이 붉게 물드는 로즈베이에는 그 당시 죽어 간 에보리진족의 한이 서려 있다고 한다. 이곳으로 흘러 들어오고 흘러가는 바닷물만이 파도에 철썩거리며 역사에 묻혀져 전설처럼 되어 버린 사연들을 전해 주고 있었다.

언덕을 내려와 호텔로비에 있는 상점에 들어가 이것저것을 둘러보다 원주민 남자의 목각인형이 눈에 들어왔다. 태양에 그을린 구릿빛 색상으로 젊고 건장한 사내의 모습을 표현한 인형에서 로즈베이에서 죽어 간 원주민들이 떠올라 가슴이 뭉클했다. 철모르는 아들을 품에 안고 마음으로 아내와 어머니를 부탁하면서 할 수만 있다면 승리해서 돌아오고 싶었던 남자들과 한 가닥 기대를 갖고 보내는 여인들 모두가 다시는 돌아올 수 없는 마지막임을 알았으리라. 실제로 그 때의 원주민 남자들은 자기의 영토와 가족이 있는 곳으로 머리를 두고 팔을 뻗어 한줌의 흙을 움켜쥐고 죽어 갔다고 한다.

저녁식사 후에 돛단배 모양의 오페라 하우스가 한눈에 보이는 하버브리지를 걸어서 건넜다. 다리를 건너면 아름다운 야경으로 알려져 있으며 연인들이 낭만적인 밤을 보낼 수 있는 달링하버 부두가 나온다. 부두를 중심으로 술집과 카페가 늘어서 있는 곳이다. 많은 사람들이 모여 북적거리지만 이곳의 카페와 술집은 한 사람에게 세 잔 이상의 술을 팔지 않기 때문에 절제 있는 활력이 넘치고 있었다. 야외에 마련된 카페에서 마시는 음료수나 맥주 한 잔에서도 넉넉한 여유가 느껴지는 것은 부두가의 아름다운 야경이 한몫을 한다. 저마다 삶의 방식과 색깔은 다르지만 동질감을 느끼게 하는 카페의 분위기에 취해 레모네이드 한 잔을 주문해서 마셨다.

시드니의 구석구석을 알기에는 4박5일의 시간이 충분하지는 않았지만 아쉬움 속에서 삶의 활력을 재충전하고 또 하나의 잊지 못할 추억을 만들었다. 해외여행을 하다 보면 돌아갈 고국과 집이 있다는 것 또한 감사하다. 인천공항에 도착해서 보이는, 가스층으로 뿌옇게 덮힌 하늘이 반가운 것도 그 때문인 것 같다.

제멋에 사는 꽃밭

부드러운 봄기운이 조심스레 다가와 옷깃을 스칠 때부터 틈만 나면 장호원에 있는 시골집에 내려와 화단을 가꾸었다. 따뜻한 햇살에서 생명력을 부여받은 꽃씨들이 연두색 싹을 돋우며 제법 푸릇푸릇해지더니 땅의 지기를 받아 여기저기서 예쁜 꽃을 피웠다. 분홍빛 양탄자를 깔아놓은 듯한 꽃 잔디가 봄의 교향곡을 연주하고 떠나자 뒤이어 가슴 설레는 자태를 가진 보랏빛 붓꽃, 순결한 마가렛, 제라늄, 울타리 장미 등 수십 가지의 꽃들이 저마다 각자의 멋을 가지고 피고 지면서 나를 반겼다. 여름이 성큼 다가오자 무더위와 장맛비에 견디지 못하고 꽃들은 속절없이 지고 말았다. 꽃밭이 거친 바람이 휩쓸고 간 빈 벌판처럼 황량해졌다.

밤새도록 천둥번개가 치고 장대비가 쏟아졌다. 날이 개이자 배수구가 걱정되어 시골집에 내려왔다. 낙화가 흙으로 돌아가고 맹렬한 땡볕이 내려앉은 꽃밭에 여기저기 생각지 못했던 꽃나무들이 고개를 들고 꽃을 피울 준비를 하고 있었다. 바람에 날려 오거나 빗물에 실려 와서 화단에 자리 잡은 꽃씨들과 해를 묵힌 꽃씨들이 제멋대로 좁은 땅들을 비집고 차지하고 있었다. 조율이 되지 않은 악기들이 내는 불협화음처럼 제 맘 내키는 대로 자라난 꽃들이 차지한 꽃밭은 어떤 것부터 손을 대어 정돈을 해야 할지 난감하기만 했다. 꽃나무들은 하루가 멀다 하고 내리는 장맛비가 주춤할 때 틈틈이 내려쬐는 태양빛을 의지하여 질긴 생명력을 가지고 꽃을 피웠다. 봉숭아, 백일홍, 코스모스, 패랭이, 과꽃, 분꽃, 맨드라미들이 중구난방 여기저기 섞여서 제멋대로 피었다.

꽃나무들을 솎아 주어 꽃밭을 정돈해 보려고 화단으로 들어갔다. 분홍과 빨강 꽃이 소담하게 달린 봉숭아를 뽑아내려다가 어릴 때 내 손톱에 봉숭아 꽃물 들여 주던 언니들이 생각났다. 달빛이 환하게 비치는 여름밤 마당에 멍석을 깔고 앉아 큰언니 작은언니 나 셋이 모여 봉숭아물을 들였다. 딸들이 모기에 물릴까봐 아버지는 생풀을 태워 모깃불을 피워 주셨다. 그때 맡았던 매캐한 풀내음이 코끝에 와 닿는 듯하여 그리움으로 가슴이 출렁인다. 처녀들은 여름에 들인 봉숭아 꽃물이 첫눈 올 때까지 남아 있으면 첫사랑이 이루어진다고 하여 그때까지 꽃물이 다 빠질까봐 가슴 졸였다. 꽃에 깃든 추억이 솎아 내려던 손길을 멈추게 했다.

백일홍 사이로 맨드라미가 활짝 피었다. 맨드라미꽃 또한 내 기억의 언저리에 머물러 봄 햇살처럼 따뜻한 추억이 있는 꽃이다. 갈래머리 소녀 시절 처음으로 누군가를 가슴에 담고 혼자서 마음 졸이던 때가 있었다. 나보다 두 살 위인 셋째 오빠의 친구였다. 한마을에 살았지만 그 오빠는 서울로 유학을 가서 고등학교에 다니다가 여름방학이 되면 집에 내려와 사랑방 툇마루에 걸터앉아 하모니카로 '동무생각' 이라는 가곡을 멋지게 불었다. 친구 집에 다녀오다 눈이 마주치자 어려운 영어 숙제가 있으면 가지고 오라고 말했다. 숫기도 없고 촌스러운 내가 어디서 용기가 났는지 잘 알면서도 모르는 척 영어

책을 가지고 그 오빠를 찾았다. 방학이 끝나도록 숙제를 핑계로 그 집을 드나들며 만날 때마다 가슴이 두근거렸다. 그 집 담장 밑에는 닭 벼슬 같은 맨드라미꽃이 무리 지어 피어 있었다. 맨드라미꽃 빛깔 닮은 연정이 생각나서 이 꽃도 손을 대지 못했다.

결국은 아무 꽃도 뽑아내지 못했다 꽃밭에 있는 꽃들은 제멋대로 피었지만 꽃과 꽃은 서로 아름다움을 견주고 있었다. 무질서하게 피어 있어도 절제된 아름다움이 가지지 못하는 자연스러운 저만의 멋을 가지고 있었다. 그야말로 제멋에 사는 꽃밭이다. 너희들 멋대로 살다가 너희들 멋대로 지거라 하는 심사로 손을 놓았다. 사람마다 삶의 빛깔이 다채로운 것도 이 꽃밭처럼 각자의 자기 멋에 사는 것이 아닐까 싶다. 제멋에 사는 이 꽃밭은 내 마음에도 들어와 있다. 잘난 사람 잘난 대로 살고 못난 사람 못난 대로 산다는 어느 유행가 가사처럼 어쩌면 나도 내 멋에 살기 때문이다.

허정예

창 작 노 트

하얗게 지샌 불꽃들이 출렁이며
새벽을 맞이하고 있다.

詩

01

가을

여름의 끝자락
가을 부르는 찬비 내린다
진초록 들판은 가는 길 아쉬워
묵은 정 시름시름 덜어내고

앞뜰의 봉선화 아직 붉은데
계절은 분홍빛 눈물 되어
코스모스 꽃잎 위에 방울 짓는다

산자락 나무들 허름해지고
매미가 머물다 간 자리
귀뚜라미 올라 목청을 돋운다

두 배나 높아진 하늘
쪽빛 바다 드리워 있다

02

겨울의 길목

또 한 해,
저물어 가는 추령秋冷 끝에
삭풍은 손끝으로 밀려오고
산뢰*의 소리가 애잔하다

산간수 굽이굽이 흐르고
발끝에 떨어지는 낙엽들
사각사각 부서지는 울음이어라

이별의 빈 가지 끝엔
한 잎, 붉은 잎
파르르 떨고 있는데
맑은 하늘엔
철새들이 줄지어 날아간다

가을은
시간 속에 숨어 버리고
잎 떨어뜨린 나무는 잔기침하며
월동 채비하는데
들녘의 발가벗은 나무들은
바람만 맞을 뿐 말이 없다

---

*산뢰 : 산바람이 나뭇가지나 숲을 스치며 부는 소리

03

길

흘러간 시간 속에
영혼 깊숙이 그리던
내 안에 한 줄기 파아란 길

한 송이 꽃, 피어오르는
또 하나. 배움의 길
날갯짓하는 푸르름에
눈동자 빛난다

분수가 물을 뿜어내듯
타오르는 불꽃
너를 가슴에 안고 살아온
긴 여정

지나간 긴 그림자는
차오르는 달빛에
하얗게 물러가고
새벽 창가에
소망의 길은
돋을볕*으로 붉게 피어오른다.

*돋을볕: 아침에 해가 솟아오를 때의 햇볕

04

늦은 꽃대

여름 땡볕이
머물다 간 담장 밑에
꽃대 하나
풀잎에 가려진 채
가녀린 허리 부축이며
옹골차게 버티고 있다

매몰찬 세상을, 기도하면서
절망을 딛고 다시 일어나
침묵하고 있는
하얀 한 송이 꽃

풀벌레
기웃거리며 울어대도
개미 한 마리 다가와
옆구리 간질여도
요동 않은 채
오직 하늘만 바라보며
가을 길목에 활짝 필
백합꽃 향기 빚어내고 있다

05

마른 가지에도

작은 언덕길 아래 깡마른 냇가
가쁘게 숨 쉬던 강바닥, 산자락 휘돌아
밤새 뿌린 빗물 큰 냇물 되었다

물올라 활처럼 당겨진 버드나무 가지 끝
긴 겨울잠에서 깨어 아련한 빛 가지 아래
작은 새들 입 끝으로 봄을 쪼고 있다

바람은 옷깃을 살포시 품어 안고
초록 눈 터트린 들풀 삐죽이 내밀며
물가의 청둥오리 떼 분주히 자맥질한다

들녘 가까이 환한 햇살 당겨 가며
어디선가 들려오는 아이들의 재잘거림이
달팽이처럼 웅크린 봄을 일으키고 있다

06

어머니 강

석양의
젖은 강물에 잿빛 물감 풀어 놓았다
당신의 뒤틀린 어깨 위에 까맣게 돋아난 아픔

기둥 같은 맏아들
가슴에 묻어 놓고
백발의 노모 시름없이 노 젓는다.

잊으려
지난 삶을 매만지듯
한 땀 한 땀 몸 추슬러 바느질한다
이별은
정리하는 것

세월 마디마디 아픈 마음 다독이다
봇내 그리워
눈물로 볼을 씻는다.

남풍 불어 삼월이 왔건만
노모의 봄날은
촉촉한 눈물 슬픔이다

07

추억

오늘 같은 날
맨 얼굴로
빗줄기 맞으며
고향 길 걷고 싶다

먼 추억 하나 끌어와
흐르는 빗물 위에
내 안에 묻어 두었던
그리움도 하나 띄우고 싶다

그 언젠가
고향 냇가에서
첨벙첨벙
흙탕물에 넘어지며
깔깔대던 동무들
지금 어디쯤 있을까

한 조각 추억
망각의 언어 더듬으며
그대들을 불러 본다

08

호스피스 병동에서

꽃샘이 마지막 숨을 몰아쉬며
한 줌 봄볕에 흩어진다
봄기운이 서럽게 배어드는 침상
허물어져 가는 육체. 가늘고 하얀 얼굴
세월의 잔재가 검은 꽃으로 피어난다.

고통의 시간을 한참 넘어
천상의 낙원을 사모하는 그들
잔가지 잎마저 다 털어 버리고
생의 마지막 징검다리 건너고 있다

삶의
구겨진 옷이 벗겨지는 순간
흰 나비 한 마리 날아오른다.
마지막 생애가 믿음으로 피어나는
한 송이 샤론*의 꽃

베품과 용서하지 못했다던
한마디
그녀의 고백
울림으로 들려온다.

---

*샤론 : 영원한 평화를 상징

박경옥

창 작 노 트

흙담집 굴뚝에서 피어오르는
저녁연기처럼
그리운 사람들 마음속에
내 이름 오래오래 남아 있으면 좋겠다

詩

隨筆

01

빨간 우체통

길모퉁이 문구점 빨간 우체통 앞에 서면
나는 늘 꿈을 꾼다
정월 대보름 귀밝이술이라도 마신 것처럼
바늘구멍 같은 창으로 가녀린 소리들
이분음표로 뜨고
가슴 어딘가에 묻혀 있던
저 심연 깊숙이 잠자고 있던
못다 한 이야기가 애벌레로 자라서
달콤한 날개 돋을 때까지 기다리는 소리
도르르 도르르르 들릴 것만 같다
밤 새워 쓰고 또 쓰고
그래도 하마 다 못한 우리들의 꽃밭
그래서 더욱 간절하게 몸을 말고
자꾸만 동그래지는 소리
민들레도 피고 들꽃도 피는
밤이면 별도 뜨는 우리들의 정원
꽃잎 같은 내 어린 연인이 그 속에서
나비가 될 때까지 기다리고 있을 것 같다
겨드랑이 간지러워 부비적거리다
어쩌면
시가 되고 노래가 되었을지도 모르는

어제가 아니고 내일이 될 것 같은
내가 기다리는 꿈

02

중년

꽃이 꽃인 줄 모르고 흐르다가
문득 강물에 비친 제 얼굴을 보고
철렁 물소리 가슴으로 들었을 때
꽃은 슬프다

잎사귀 끝에 걸린 이슬에서도
향기 오소소 돋아나고
저녁 햇살 상큼 떨어져 내려도
붉게 웃으며 그늘을 만들던 꽃

깃털처럼 가볍거나
바람개비처럼 돌아간다거나
참을 수 없는 권태에 흔들렸을 때도
아직 많은 날이 싱싱하게 흐를 줄 알았다

언제부턴가
몸이 자꾸 말을 걸어오고
생의 한가운데를 훨씬 지나 버린 걸
눈치채었을 때도
시침 뚝 떼고 돌아보지 않았다

무릎에서 손마디에서 어깨에서
등을 타고 수런거리는 소리
애써 외면하는 사이
이미
잎맥과 잎맥은 끊어지고
모세혈관 위를 지나는 통증은
은행잎으로 만든 길 위를 지나고 있었다

이제
빛깔도 향기도 지워지고 있는 시간
혓바늘처럼 돋아나는 온몸의 통증으로
꽃은 지금 슬프다

풀꽃에게 배우다

거실까지 들어온 봄볕이 창가에 세워 놓은 기타 줄에 앉아 있다. 금방이라도 줄을 당겨 소리를 낼 것 같은 따스한 빛깔이다. 엄지손가락으로 다섯 줄을 차례로 튕겨 본다. 맑고 환한 소리가 조용한 거실에 쉼표가 되어 퍼진다. 남편과 아이들이 회사로 학교로 제각기 떠나 버린 집안엔 할 일이 산더미다. 정신없이 제자리를 찾아 주고 나면 잠시 숨을 고르기 위해 차 한 잔을 들고 거실 창가에 앉는다. 소리 없이 들어온 햇살을 온몸으로 맞는 편안한 시간이다. 문득 베란다에 줄지어 서 있는 화분 위에도 봄볕이 내려 앉아 웃고 있는 모습이 보인다.

저마다의 빛깔로 봄을 준비하는 화초들의 웃음소리가 마치 손으로 튕긴 기타 소리처럼 맑게 들릴 것만 같다. 물 조리개를 들고 나가 하나씩 뿌려 주는데 난 화분 가득 늘어진 잡초들이 눈에 띈다. 엊그제 물을 주면서 다 정리했는데 어느새 또 화분을 가득 채웠다. 잡풀이라고는 하지만 뽑아낼 때마다 왠지 미안한 생각이 든다. 비록 남의 집에 둥지를 튼 뻐꾸기 새끼 같은 잡초지만 붉은 빛을 띤 작은 잎이 밉지 않다. 그것 또한 소중한 생명임이 틀림없다. 그래서 가끔은 무성하게 늘어지도록 그냥 두기도 한다.

보랏빛 꽃을 준비하는 난 화분에 가득한 풀을 손으로 뽑아내려다 아! 하고 나도 모르게 탄성을 질렀다. 토끼풀 같은 잎

사이로 언뜻 연노란 꽃이 보였기 때문이다. 자세히 들여다보니 작은 꽃잎이 마치 아기별처럼 앙증스럽고 예쁘다. 하마터면 내 손에 뽑혀 버려질 뻔했던 작디작은 연노랑 풀꽃에게 미안한 마음이 들었다. 봄볕에 간지럼을 타는 듯 웃고 있는 모습이 사랑스러워 오래오래 바라보다가 햇살 묻은 노란 손으로 물을 흠뻑 뿌려 주었다. 산뜻한 기쁨이 이슬처럼 맺혔다.

'사람은 누구나 꽃이다' 라고 노래한 시인이 있다. 맞는 말이다. 사람들의 시선을 한 눈에 사로잡아 버리는 화려한 빛깔의 사람도 있고 예쁘진 않지만 은근한 향기로 마음을 끌어들이는 사람도 있다. 장미처럼 빛깔과 향기를 한꺼번에 가지고 뭇 시선을 끌어들이는 사람들도 있다. 그러나 외모도 눈에 잘 띄지 않고 그렇다고 향기도 쉽사리 나지 않는 사람이 있다. 많은 사람들 속에 있는 듯 없는 듯하지만 자세히 보면 그 사람의 참 모습이 서서히 드러나는 사람이 있다. 바로 풀꽃 같은 사람이다.

내가 그를 처음 만난 건 20년 전 여름이었다. 엄마의 등살에 떠밀려 나가고 싶지 않은 맞선 자리에 앉았다. 입구에서 걸어들어 오는 그를 처음 봤을 때 작은 키에 안경 쓴 외모가 맘에 들지 않았다. 멀리서 온 그에게 점심이라도 대접해 보내야 소개해 준 분께 미안하지 않을 거라는 생각에 물빛이 아름다운 은파호수에 가서 매운탕을 먹고 오리배를 타게 되었다. 강바람이 평화롭게 불어오는 배 안에서 그가 수줍게 웃으며 성급한 청혼을 했다. 그날 이후 그는 주말이면 기차를 타고 내려와 안개와 장미가 어우러진 꽃다발을 내밀었다. 내가 원했던 외모나 남자다운 기개는 없었지만 고요하게 다가서는 그에게서 편안함과 신뢰감이 싹터 왔다. 국화꽃 향기가 바람결에 흩날리는 그해 시월 우리는 결혼을 했다.

살면서 하나씩 그의 진면목이 나타나기 시작한 건 내게 행운이었다. 늘 기타를 치며 노래하는 것을 즐기고 모든 걸 긍정적으로 바라보는 성향이 그가 가진 장점이다. 내가 하는 일은 무조건 전폭적으로 지지해 주는 나의 든든한 지원자이기도 한 그를 볼 때마다 나는 늘 미안하고 고맙다. 만약 그날 찻집에서 마음속에 울리는 종소리를 끝으로 그를 더 이상 만나지 않았다면 그의 사랑스러운 점을 어떻게 발견할 수 있었을까 싶다.

작고 보잘것없어 보이는 풀꽃에게 배운다. 천천히 오래 바라보고 그 사람의 예쁜 점을 찾아내려고 노력해야겠다는 것이다. 나와 수업하는 아이들을 보며 생각한다. 처음 볼 때부터 예쁜 아이도 있지만 별로 눈에 띄지 않던 아이가 시간이 지날수록 서서히 예쁘고 사랑스러워지는 경우가 있다. 그럴 때면 잔뜩 흐려 있던 하늘에 환한 햇살을 본 것처럼 기분이 좋아진다. 오늘 발견한 노란 풀꽃처럼 말이다.

'그의 모카신을 신고 두 개의 달 위를 걸어 볼 때까지 그 사람을 판단하지 마라'는 인디언 속담이 있다. 겉모습만 보고 사람을 쉽게 평가하지 말라는 말이다. 풀꽃은 언뜻 보면 예쁘지 않다. 그렇지만 아무도 보아 주지 않아도 어디서든 고요하게 피고 진다. 누군가 자세히 천천히 오래 보아 주기를 기다리면서 예쁘고 사랑스럽게 오늘도 척박한 땅속 어딘가에서 뿌리를 내리고 있을 것이다. 어디선가 피어나 누군가의 마음 속에 행복한 선물이 되기를 바라면서. 봄 햇살 가득한 베란다에서 기타 줄을 손가락으로 다시 한 번 튕겨 본다. 맑고 고운 소리가 천천히 사라진다. 여운이 편안하다.

우물이 있는 골목

나른한 봄날이었다. 창을 통해 들어오는 햇살이 너무 따스해 무작정 집을 나섰다. 목적 없이 혼자 차를 가지고 나가는 일이 없는 내가 운전대를 잡고 길을 나선 건 순전히 나긋나긋 내려쬐는 노란 빛깔의 유혹 때문이었던 것 같다. 한낮의 고요가 단내 나는 바람을 타고 차창으로 들어왔다. 문득 보도블록이 아닌 흙길, 밭둑에서 노랗게 웃고 있는 애기똥풀 같은 시골길이 보고 싶었다. 어린 내 감성을 자극하고 말랑말랑 촉촉하게 키워 준 시골 외갓집 같은 그런 길이 걷고 싶었다. 바쁜 일상을 잠시 내려놓는 일은, 아득하지만 자기 안에 살고 있는 먼 기억들을 끄집어내는 일인지도 모르겠다.

집에서 10분 정도만 벗어나면 한적한 전원 풍경이 펼쳐진다. 좁다란 길이 두 갈래 나타났다. 좁은 길로 들어서기 전 차를 한 쪽 밭가에 세워 놓고 봄빛으로 물든 논둑길을 따라 걸었다. 봄풀들이 땅속을 뚫고 올라오는 소리가 '우우' 들려왔다. 멀리 밭고랑 사이에서 아주머니 몇 분이 봄나물을 캐고 있었다. 이름도 모르는 마을 입구에 기다란 느티나무가 보였다. 다가가 가만히 등을 대 본다. 외할머니 등처럼 따뜻하다. 눈을 감자, 엄마 손을 놓고 찰랑거리며 뛰어오는 어린 나를 향해 반갑게 손 흔들고 있는 골목길 외할머니의 모습이 아련하게 떠올랐다.

어린 시절 방학이면 외갓집 가는 일이 내겐 큰 기쁨이었다.

2대 독자였던 아버지가 친척이 없어, 큰 집 작은 집 가는 친구들이 늘 부러웠던 내게 유일하게 왕래를 하는 곳은 외할머니 집 뿐이었다. 김제군 백구면 영상리에 있는 외갓집은 군산에서 익산까지 기차를 타고 30여 분, 익산에서 다시 시내버스로 갈아타고 또 30여 분 가야 하는 곳이다. 큰 길 정류장은 몇 십 년이 흐른 지금도 가끔씩 내 꿈속에 나타나곤 한다. 버스 정류장에서 다시 20여 분 정도를 걸어 들어가는 길이 어린 내게는 참으로 먼 길이었지만 하나도 지루하지 않았던 건 방학만 손꼽았던 긴 기다림이 있었기 때문이다.

길 양 옆 논가에 핀 이름 모를 풀꽃들의 냄새, 들판에 서 있는 두 팔 벌린 어릿광대 같은 허수아비의 웃음, 톡톡 노랗게 여물어 가고 있는 곡식 알갱이들, 그 사이로 분주히 오가는 참새들을 보며 걷는 외갓집 가는 길은 늘 넉넉하고 평화로웠다. 겨울이면 하얗게 펼쳐진 솜이불 같은 들판은 햇빛에 반짝거려 눈이 부셨고 쌩쌩 바람이 휘몰아쳐도 춥다는 생각보다 오히려 그 눈밭에 뒹굴고 싶은 생각이 먼저 들었다.

한여름 뙤약볕이 내려 쬐일 때 걸어가는 길엔 강아지풀 토끼풀이 지천이어서 그것들을 보는 것이 즐겁고 신이 났다. 저만치 길 중간쯤에 탱자나무 울타리에 둘러싸인 두부집이 보이면 정확히 반은 온 것이어서 마음만큼이나 발걸음이 빨라졌다. 길 중간에 외딴집으로 서 있지만 볼 때마다 친구처럼 반갑고 정다웠다. 명절이나 제사 때 혹은 새참을 만들 때면 마을 사람들은 모두 이 두부 집에서 두부를 사다 썼다. 그 울타리 옆에서 두부 냄새를 맡으며 한숨 돌리고 땀을 닦으면 그

집 아저씨가 마루에 앉아 잠시 쉬었다 가라고 손짓을 하곤 했다. 가끔 엄마와 함께 그 마루에 앉아 아직 익지 않은 탱자가 열린 가시 울타리를 바라보기도 하고 내 발밑에 앉아 몇 번 짖다가 잠이 든 누렁이의 심심한 등을 살며시 쓸어 보기도 했다. 한낮의 고요가 반짝거리며 내려앉고 있는 모습이 참 편안했다.

두부 집을 지나 조금 걷다 보면 드디어 아름드리 느티나무가 보인다. 옹기종기 모여 앉은 마을 초입에 서서 오랜 세월 마을 사람들을 지켜 주고 있는 수호신 같은 느티나무는 어린 마음에도 늘 든든하고 정겨웠다. 솜리(익산)로 나간 사람들을 기다리는 곳이기도 했고 넓은 그늘 밑 커다란 평상에 앉아 마을 사람들이 한가롭게 정담을 나누는 사랑방 쉼터도 되었다. 장에 가신 외숙모를 기다리며 친구들이 뚝뚝 잘라 주는 단수숫대를 벗겨먹던 여름도 느티나무 평상에서 익어갔다. 나무 아래쪽엔 맑은 시냇물이 흘렀다. 외사촌 오빠를 따라다니며 물길을 돌멩이로 막아서 물고기도 잡고 종이배도 띄우며 놀다 보면 어느새 어스름 저녁이 되곤 했다. 아주 어릴 때부터 방학만 되면 내려와 살던 곳이라 방학이면 날 기다리는 친구들이 많아서 함께 어울려 노는 재미에 하루해가 짧기만 했다.

느티나무를 지나면 거기서부터 골목길이 이어졌다. 외할머니 집은 마을 회관을 막 지나는 뽕나무밭 앞에 있었다. 싸리나무로 엮은 대문이 항상 열려 있었고 울타리는 집안이 훤히 보이는 낮은 흙 담이었다. 흙 담 위에는 호박꽃이 노랗게 피어 있었고 넓은 호박잎 사이로 동글동글한 아기 호박이 간간 눈에 띄기도 했다. 담벼락 밑에 앉아 동갑내기였던 옆집 혜란이랑 소꿉놀이 할 때면 노란 호박꽃이 구경꾼이 되어 주었다. 그때 나는 호박꽃이 정말 예쁜 꽃이라는 걸 알았다. 그 후 세월이 한참 흐르고 난 뒤 울타리가 벽돌로 바뀌었을 때도 그 좁은 골목길을 지날 때면 흙담 울타리와 노란 호박꽃과 그리운 친구가 그대로 거기 서서 날 기다리고 있는 것 같아 잠깐씩 발걸음을 멈추곤 했다.

담 옆으로 공동우물이 있었는데 외할머니 집 마당에 작두펌프가 생기기 전까지는 이 우물을 이용했다. 나도 곧잘 물을 길어 오기도 하고 이 우물에서 두레박으로 물을 펴 올리고 싶어 아직 깨끗한 옷을 빨러 나오곤 했다. 널찍한 돌 위에 젖은 빨래를 놓고 방망이로 탁탁 두드리는 소리는 매미소리 만큼이나 시원했다. 우물에서 막 펴 올린 두레박 속의 물을 마시면 등짝에 난 땀띠까지 서늘했던 여름, 논밭 일을 하고 돌아오는 골목길 지나던 아저씨 아줌마도 그냥 지나치지 않고 두레박으로 펴 올린 물을 벌컥 벌컥 마시고는 흙 묻은 손과 발과 농기구들을 짝짝 물로 씻어 내곤 했다. 농사일에 지친 하루의 피로가 골목길 그 우물가에서 시원하게 씻겨 내려가던 곳이다.

외할머니 집 뒤란에 피어 있던 토란잎과 보라색 난초, 장독대 옆 돌 틈사이로 봉숭아꽃이 빨갛게 흔들리던 여름 한낮, 골목길을 바라보며 툇마루에 걸터앉아 먹던 찐 옥수수맛, 감나무 둥치 어딘가에서 들려오는 매미 우는 소리, 갑자기 쏟아진 소나기에 마당에 널어 논 빨간 고추들의 멍석말이 풍경은 지금도 내 가슴에 그대로 남아 있다. 몇 십 년이 흘렀지만 하나도 퇴색하지 않고 더 선명하게 떠오르는 건 참 행복한 일이다. 보석처럼 빛나는 내 어린 날의 아름다운 기억들은 외갓집 가는 그 논길에서부터 시작해 느티나무를 돌아 골목길 우물 앞을 지나면서 마당으로 펼쳐진다.

길은 삶의 흔적이다. 살아온 길을 더듬어 돌아보면서 지친 마음 내려놓는 일이 가끔씩 이렇게 찾아와 주면 좋겠다. 길은 언제나 열려 있고 지나온 길이 있었지만 나는 또 다른 길을 걸어가야 한다. 두부 집 탱자나무 울타리에서 본 그 나른한 고요와 함께 쉬엄쉬엄 쉬어 가면서 남아 있는 나의 길을 걸어갈 것이다. 어디서부터 시작해 어디에서 끝나게 될지 모르지만 살면서 골목길 그 우물물처럼 가끔 이렇게 내 기억의 길을 돌아보며 헝클어진 마음 씻어 보리라 맘먹는다. 봄볕 속에 깨어나는 꽃봉오리처럼, 바람에 흔들리며 노랗게 웃고 있는 애기똥풀처럼 내 삶의 길도 이렇게 촉촉하고 말랑거렸으면 좋겠다.

풍경을 그리다

매미 소리에 잠을 깼다. 시계를 보니 새벽 5시 반이다. 어젯밤 그렇게 퍼부어 대던 비가 그치자 기다렸다는 듯 새벽부터 울어 대는 매미 울음소리가 유난히 맑고 크다.

아직 이른 시간이라 좀 더 자려고 다시 누웠지만 간간이 쉼표를 찍어 가며 온 힘을 다해 울어 대는 매미 소리에 결국 일어나고 말았다. 베란다로 나가 밖을 내다보니 매미가 방충망에 붙어 있다. 어쩌면 밤새 퍼붓던 세찬 빗줄기를 피해 내 집 창가로 날아들어 왔는지도 모르겠다. 가까이서 울어 대는 매미뿐 아니라 보이지는 않지만 까치와 참새도 통통거리는 하모니를 이루어 내고 있다. 비 개인 아침 풍경이 신선하고 청아하다. 여름 새벽을 열어 준 저들이 고맙고 사랑스럽다.

옆에서 울어 대는 매미를 보며 매미의 꿈은 무엇이었을까 잠시 생각해 본다. 만 5년을 땅속에서 애벌레로 사는 동안 매미는 몇 번의 허물을 벗는다고 한다. 침이나 배설물로 흙을 다져 앞발로 땅위로 솟는 굴을 만들기도 하고 굴을 오르내리며 바깥 모습을 엿보면서 땅위로 나올 날을 기다린다. 드디어 굴의 천정을 뚫고 땅위로 나와 흙으로 더럽혀진 허물을 벗을 때까지 매미의 꿈을 향한 발돋움은 계속 된다. 한여름 나무둥치에 붙어 치열하게 며칠 동안 울어 댈 그 꿈을 위해 어두운 곳에서 많은 날을 갈고 닦는 매미, 어쩌면 그 많은 날을 견디어 내었기에 저리 아름다운 소리를 내는지도 모르겠다.

누구나 가슴속에 꿈을 하나씩은 품고 산다. 그러나 그 꿈대로 살지 못하는 게 현실이다. 직장생활과 함께 남보다 늦은 결혼으로 바삐 아이를 키우다 보니 내 꿈은 어디로 가고 없었다. 그러나 지나고 생각해 보니 뭔가 써야 한다는, 쓰고 싶다는 강박관념에 늘 시달리고 있었던 것 같기도 하다. 내 꿈은 그것이었다. 뭔가 쓰는 것, 내가 나를 키우는 것, 매미가 자신의 존재를 알리기 위해 울어 대는 것처럼 어디선가 나를 찾아내고 싶었다. 내가 나에게 꿈을 심어 주는 글을 쓰고 싶었는지도 모르겠다. 아동 글쓰기 지도를 시작하면서부터 해맑은 아이들 마음을 글로 써 보고 싶다는 생각이 막연하게 들었나. 예민하게 묻혀 있던 내 감성의 안테나가 풀꽃처럼 미세하게 흔들리기 시작했다. 마치 은빛연어가 눈맑은연어를 만나면서 초록강 입구에서 벌어지는 모든 일들을 하나하나 소중한 의미로 담고 보물처럼 여겼듯이 나도 아이들을 만나면서 모든 것을 하나의 의미로 받아들이고 그동안 쌓인 내 마음의 먼지들을 닦아내기 시작했다.

한여름 태풍이 지나는 길목에서 나뭇잎을 껴안고 떨고 있는 바람소리를, 빨간 산수유나무 열매 위에 내려앉은 아침햇살의 눈부신 웃음을, 강물에 떨어지는 저녁놀의 붉은 그늘을, 빗방울 지나간 투명한 날, 아침 새 날개 터는 소리를 , 비로소 가슴으로 보고 들을 수 있게 되면서 나는 다시 꿈을 꾸기 시작했다. 보이지만 보이지 않는 그 모든 풍경을 백지 위에 그리고 싶다는 꿈이었다. '꿈은 이루어진다' 는 말을 나는 믿는다. 스며드는 시간들에 섞여 나와 내 주변의 작은 이야기들을 하나씩 끄집어내 그리는 일을 하다 보니 뜻하지 않은 상과 칭찬이 선물로 주어졌다. 사람과 사물들의 풍경을 그리는 일이 결코 즐거운 일만은 아니라는 것을 안다. 차마 볼 수 없는 진풍경도 있고 너무 아름다워 글로 그리기엔 내 능력으로 벅찬 것도 있다. 비록 백지 위에 그린 나의 글들이 많은 사람들에게 다 미치지 못하는 감동일지라도 나는 내 빛깔과 향기에 맞는 소박한 풍경을 그리고 싶다.

누군가 '문학'은 일상 속에 자기 존재를 찾아가는 것이라고 하였다. 흘러가는 내 일상 속에서 나를 잃어버리지 않기 위해 끊임없이 내 존재를 확인하는 일, 그것이 내가 살아가는 이유일 것이다. 그러나 나는 안다. 끊임없이 나를 달구고 단련시키기 위해선 '슬럼프'라는 함정에 빠져 허우적대기도 하고 좌절을 겪을 수 있다는 것을. 그러나 나는 이 모든 것을 '문학'이라는 이름으로 감당해 낼 것을 확신한다. 날개가 돋을 때까지 많은 시간을 견디어 내고 자기의 존재를 알리기 위해 그렇게 처절하게 우는 매미처럼.

오늘도 나는 사람과 사물의 풍경을 그리기 위해 눈과 귀를 열어 놓고 있다. 바람에 흔들리고 있는 꽃잎들의 떨림이 물결처럼 보일 때, 빨간 잠자리들의 아름다운 꼬리를 보며 친구 얼굴을 떠올릴 때, 아이들의 해맑은 웃음에서 행복을 볼 때, 카메라에 담듯 풍경 속에 들어오는 많은 이야기를 순간 포착으로 수첩 속에 담는다.

김경미

창 작 노 트

시詩 문학의 먼 길 가까이
다가서지도 못하고 있다.
자연의 주파수에 귀 기울어야
할 시간에.

詩

01 독을 깨는 요리사 – 자연 요리사 임지호

바다를 응시하다
따개비를 따는 요리사
파도가 덮쳐
바다가 그를 삼켰다
요리법을 전수하는 자연의 교수법이다

양지바른 선창가
어부들의 놀이터다
그들이 들려 주는 요리는
살아있는 사전
그것을 펼쳐 들고
공부하는 방랑 식객

바지락을 캐는 할머니들
그녀들의 바지락을 사서
바지락 코스요리를 되 바친다
지혜를 배우는 수업료다

산을 넘고 물을 건너는 여정이 있는 요리
자연의 요리는 더하고 빼기의 조합
꽃 피고 새 우는 요리가 되었다

사람을 좋아하고 정을 나누는 마음을 숙성시켜
천연 조미료 삼아
세계인의 입맛을 사로잡다

02

릴레이 사랑

근사한 다비드상으로
신기루처럼 나타났다 사라져 버린
낭만파 소설의 주인공처럼
지중해의 연인처럼
가슴에 무선 기지국을
머릿속에 마법의 성을
세워만 놓고
이 생에서는 바통을 넘기고
종지부 찍힌 걸

03

인생막장

나를 믿어 봐
너를 못 믿는 게 아니라
나를 못 믿어서 그래
잘자
쾅!
아내는 이불 속에서
옛 연인은 호사스러운 시트 위에서
그 남자는 자동차 속에서
서로의 붙박이별이 되어

04 주홍글씨

세상의 돌팔매질
짝사랑이 잉태한 눈덩이
세상을 붙들고 가는 파랑새

파랑새 날아오르는 날
사방에서 날아오는 돌덩이
세상에 붙들려 가는 주홍글씨

주홍글씨의 면죄부
우리 가슴에 비 내리는 날
세상이 씻겨지듯이

05

지구의 경고

정글의 새벽은
막 건져낸 두부
맑은 공기와 물을 뿜어 올리고

공룡이 만들어 낸 습지는
지구의 숨구멍
자연과 사람이 소통하고

따뜻한 자궁은
우주의 원천
생태의 생산과 균형을 맞추고

숨길과 물길을 열고
자연의 주파수에 귀 기울여야 할 시간

06

창수와 영자의 연대기

급속한 산업화의 역군 철공소 용접공, 창수
도시 빈민의 계급장 달고
경부고속도로 재원인 월남 파병용사로
일곱 명의 베트콩을 화염방사기로 불태우고
무공훈장을 달았다
훈장은 취직을 보장하지 못하고
웨이터가 되기에는 보증금이 없었고
양복점 보조는 나이 제한에 걸리고
중대장의 포상금이 마련한
공중목욕탕의 때밀이가 되었다
애인 창수를 찾아다니다
싸구려 화장품 냄새 흘러넘치는
사창가에서 찾은 우리의 전사, 영자
식모에서 공장을 거쳐 버스차장이 되었던 그녀
만원 버스에서 떨어져 한쪽 팔을 잃고
몸을 팔던 영자
창수가 심어 준 희망의 그림자를 딛었으나
악덕포주와 함께 화재로 생을 마감했다.
창수에게 슬픔과 분노가 한 보따리
유품으로 남았다
날지 못하고 추락하고 말았다.

07

춘설

눈이 내린다
못다한 겨울 이야기 달고
눈이 사라진다
봄빛 들어 머물지 못하고
눈이 펼쳐낸다
춘심이의 옷장 속 파스텔 핑크를

눈이 배달되었다
강남의 제비가 보낸 편지다
지평선 출발선에 다다른 아지랑이
살얼음 풀리는 연못가 올챙이
동굴 속 뒤척이는 반달곰
편지를 받아들었다

백수가 살던 풍경

재래식화장실
만원이다
럭키치약과다이알비누
아침을연다
담벼락위에
깨진병조각
가난을포장한다
아침볕좋은브로크벽
희망의그림자만들고
주인집아들매미처럼
맴맴거린다
손이올라가다멈춘다
주인집아들보다낮은서열
더부살이백수총각

文炫 박경주

창 작 노 트

가슴 벅찬 시를 만나고
한 행 한 행
시를 배우는 일은
인생의 여정에서
지치고 힘든
몸과 마음을 잠시
쉬어가는 일입니다
시는 쉼터입니다

詩

평행선
풀꽃
비눗방울 놀이
일상의 스케치

隨筆

나이듦에 대하여
치사랑은 어디에

01

평행선

팔십 평생을
내 스스로 닦아내던 숨
이젠 산소 호흡기가 한다
이따금씩
무뚝뚝한 큰아이가 뭐라 이야기하고
기특한 둘째가 내 손을 잡으면
오직 빨강과 초록선으로 크게 화답한다
나 때문에 모질게 고생했던
마누라도 내게 당부의 말을 건넨다
막내는 늦는가 보다
형님들과 만나기로 한
약속 시간이 다가온다
좀 더 머물고 싶다
못다한 말들은 다 어찌하나
그들을 좀 더 가까이서 지켜보자
작은 물결을 넘어
내 숨은 마지막
평행선을 긋는다

02

풀꽃

뒤란 작은 뜨락에
자고 나면 한 뼘씩 자라난 잡초들
뽑아도 뽑아도 뿌리는 살아남아
무럭무럭 숲을 이룬다

한 때
어여쁜 소녀의 눈길을 받았던
아름다웠던 뜨락은
누렇게 황폐한 모습이다

끈질기게 솟아나는 잡초들
한 아름 모아 태우니
제 몸 소신공양하며
그윽한 내음을 선사한다

봄비 부슬거리며
쓸어내린
햇살 고운 어느 날
보랏빛 풀꽃들
옹기종기 피어났다

03

비눗방울 놀이

황금빛 햇살이 감싸는 오후
한 아이가 너른 들판에서 맴을 돈다
주머니에 든 비눗방울 호리병
듬뿍 찍어서 훅– 하고 부니
금세 푹– 하고 터진다

다시 조심스레 비눗물 찍어
살살 불어 본다
비눗방울은 작은 채에 대롱대롱 매달려
점점 부풀어진다

무지갯빛 영롱하고 투명한 것이
하늘 향해 두둥실
비눗방울 너머의 세상도 아른아른하다

손에 잡힐 듯 잡힐 듯 아스라이 올라간
무지개는
한 순간에 사라진다

아이의 꿈속에
비눗방울이 너울너울
떠 다니고 있었다

04

일상의 스케치

실내 가득한 파전 냄새
왁자한 소음 속에
담배 연기 자욱한 곳
삼삼오오 원탁에 둘러앉아
묵은 짐을 잠시 벗는다
찌들은 사방의 벽과
천장까지
흔적을 남기고픈
어설픈 낙서들이
켜켜이 쌓여 있다
서로 다른 삶의 버거움으로
입술을 적신 찌그러진 양은 사발에
나 또한 젖빛 감로수를 채워 마신다
주인장 솜씨 담긴 안주 마주하고
정 붙이고 살고픈 이들과 너스레를 떨며
거나해서 돌아오는 길
제 멋대로 내딛는 발걸음과
잘 익은 얼굴로
까만 밤 가만히 올려다본다

도심지의 밤 하늘이 참 예쁘다

나이듦에 대하여

"5, 4, 3, 2, 1, 0." 카운트다운을 하며 새해를 맞은 지도 벌써 한 달이 다 되어 가고, 다음 달이면 설날도 있어서 음력으로도 완전히 해가 바뀌게 된다. 새해가 되면서 나이도 한 살 추가되는데 언제부터인가 나이듦이 썩 반갑지 않게 되었다. 그 나이만으로도 충분히 눈부시게 예쁜 20세 전후 꽃다운 묘령의 나이를 지나고, 가정과 사회에 기반을 닦는다는 30세의 이립而立의 나이도 지나서 세상일에 미혹함이 없다는 40세의 불혹不惑의 나이를 건너 하늘의 뜻을 알게 된다는 지천명知天命의 나이에 숨 가쁘게 도달했다.

꿈 많던 여고 시절에는 '과연 내 배우자는 누구일까? 20대의 나의 모습은 어떨까? 30대의 나는 무엇을 하고 있을까?'라는 상상을 하며 친구들과 재잘거리곤 했다. 그런데 그 시절 즐거운 상상도 딱 거기까지가 한계였다. 그 후 40대, 50대는 감히 상상조차 할 수 없었던 예측 불허의 까마득한 나이였다. 자신의 얼굴에 책임을 져야 한다는 40대를 훌쩍 지나서 거울 앞에 서니 낯선 얼굴 하나가 서 있다. 깊게 패인 굵은 주름과 가는 주름이 얼굴에 자리잡고, 모든 살들은 자꾸만 쳐지고 있다. 어디 그것 뿐인가? 여기저기 아픈 곳이 생겨서 병원 나들이를 자주 하게 되는 것도 나이듦의 현상이다.

나이가 들면서 나타나는 현상들은 이런 외양적인 것 외에 또 무엇이 있을까? 어린 시절 흥미 없었던 텔레비전의 뉴스나 신문의 기삿거리에 관심이 많아지고, 그 어떤 이야기를 들어도 그리 심하게 놀라지도 않게 된다. 여자들은 아줌마가 되면서 처녀 시절의 수줍음은 사라지고 특유의 억척스러움과 드센 성격이 자리매김하게 된다. 그러면서도 영화나 드라마를 보며 한없이 눈물을 흘리는 나약한 모습도 겸비하고 있다.

얼마 전 읽은 글 중에 '너희들은 늙어 봤냐? 우리는 젊어 봤다.' 라는 내용이 있었다. 얼핏 보고 위로가 되는 듯 보였으나 다시 보니 어이없고 슬픈 내용이었다. 중년보다는 청춘에게 더 있는 특권이란 무엇일지 생각해 보면 단연 1위는 '가능성' 이라고 본다. 자신의 꿈을 이룰 수 있는 충분한 시간과 가능성이 있다는 것이다. 2위는 '열정' 이다. 시련과 좌절을 만나더라도 물러서지 않는 열정이 있어서 젊음은 아름답다. 젊어서 고생은 사서도 한다는 말이 바로 그런 말일 것이다.

청춘에게는 부족하고 중년 이후의 삶에 더 풍부한 것은 무엇이 있을까? 그것은 삶의 여정에서 스스로 터득한 '지혜' 라고 본다. 질곡의 삶을 살아오면서 여러 번 값비싼 수업료를 지불하고 얻은 대가이다. 그것은 살면서 뜻하지 않는 행운과도 만나고, 예측하지 못한 불행과도 벗하며 살아온 인생의 커다란 수확이다. 또 다른 것이 있다면 그것은 '인내' 가 아닐까? 괴로움과 고통으로 인해 더 이상 견디지 못할 것 같은 매 순간을 그래도 묵묵히 버티어 온 저력의 힘이다.

마지막으로 나이가 들면서 좋은 점이 있다면 수 많은 인연들 중에서 옥석을 가리게 된다는 것이다. 인생을 살면서 사람도 마치 가지치기처럼 주변 정리를 하게 된다. 많은 사람들이 내 곁을 떠나가고, 혹은 내가 그들의 곁을 떠나오게 되면서 내 주변엔 서서히 소수 정예의 사람만이 남게 된다. 그리하여 길게 말하지 않아도 서로의 눈빛으로 마음을 알아주는 지음知音을 만난다면 그는 인생의 값진 보배를 얻은 것이다. 힘겨운 인생의 무게로 지치고 주저앉고 싶을 때 서로 버팀목이 되어 주는 사람이 있다면 얼마나 든든하고 아름다운 일인가?

세월은 유수와 같이 흘러서 반백의 시간도 돌아보면 그리 길게 느껴지지 않는다. 지난 시간을 되돌아보면 정말 아쉽고 후회스러운 일들이 무수히 많다. 그 때엔 그것만이 최선이라고 여겼던 일들이 이제 와 생각하면 정말 어리석었다는 것을 깨닫게 된다. 그러나 바로 그런 잘못을 저지르고 후회스러움 속에서 서서히 내 인생이 발효된다고 여겨진다. 나이가 든다는 것은 삶이 서서히 숙성되고 있는 것이다. 젊은 시절의 철없던 패기와 미숙함은 어느덧 거름이 되어서 내 삶의 토양에서 묵묵히 제 몫을 다하고 있다.

찬란한 청춘이 없었던 중년이란 있을 수 없다. 화려했던 과거보다는 지금부터가 더욱 중요하다. 정열적이던 청춘의 불씨를 되살려 남은 시간을 하루하루 가치 있게 살고, 나 자신을 고귀하게 가꾸어 나간다면 나이듦이란 성숙한 삶을 사는 아름다운 여정이라고 생각한다.

치사랑은 어디에

내게 주어진 여름 휴가는 딱 이틀이다. 밖은 마치 한증막 속을 걷는 것처럼 숨 쉬기가 곤란한 삼복 더위 그 자체였다. 내 업무에서 벗어나 완전히 쉴 수 있는 그 시간에 고향에 홀로 계신 친정 엄마를 뵙고 밀린 효도를 하고 싶었다.

긴 장마는 계속되고 있다. 시외버스 터미널에 도착해서 우산을 받쳤어도 얇은 바지가 젖어서 민망했다. 축축한 엉덩이로 차표를 사고, 약 한 시간의 여유가 있어 대합실 마트에서 책 한 권을 샀다. 카페에서 커피 한 잔을 마시며 오가는 사람들 구경도 하고, 책을 몇 장 읽기도 하고, 울리지도 않는 핸드폰을 자주 들여다보기도 했다.

냉방이 잘 되어 있는 버스 안에서 이런저런 상념에 잠겨 뒤척이다 이제 막 잠이 스르르 올 무렵 목적지에 닿았다. 택시를 타고 친정 근처에 다다르니 길 건너에 언제부터인가 엄마가 우산을 들고 마중 나와 계셨다. 순간 내가 여고생이라도 되어서 비 오는 날 하굣길에 집으로 돌아가는 듯하였다.

아담한 단독 주택의 작은 마당엔 여러 가지 채소들이 무성하게 자라 있고 오후 3시 즈음인데 식사도 안 하신 엄마는 정갈한 밥상을 차려 놓으시고 손님 같은 큰딸을 기다리고 계셨다. 여름철에 내가 좋아했던 몇 가지 반찬과 갓 지은 따스한 밥을 먹고 나니 '나도 우리 엄마에겐 소중한 딸이었구나.' 하는 생각에 배부름보다 마음이 더 충만해졌다.

작년 이른 봄에 친정 아버지가 폐렴으로 돌아가신 후 엄마는 평생 해 오시던 옷 수선 일을 놓으시고 우두커니 자유의 몸이 되셨다. 그 후에 최소한 한 달에 한 번은 엄마께 다녀가자고 한 자신과의 약속은 딱 한 번의 실천에 그치고 말았다. 생각은 간절한데 행동이 따르지 못하는 현실이 안타까울 뿐이다.

어린 시절 나는 깡마르고 얼굴에 버짐이 피는 까칠한 아이였다. 입이 짧아서 음식이 맛이 없거나 식으면 아예 먹지도 않았다. 집에서 초등학교까지 걸어서 30분 정도의 먼 길로 기억하는데 점심 시간마다 엄마가 따끈한 밥을 들고 오셨다. 어린 시절의 추억을 이야기하며 내 아들에게 외할머니의 고마움을 전하려 하면 아들은 대뜸 "엄마는 좋은 엄마 두어서 참 좋겠다."라고 한다. 그러면서 할아버지 돌아가셨을 때도 후유증이 한참 가던데 할머니 돌아가시면 엄마는 더욱 힘들 거라며 살아계실 때 잘 해드리라고 거든다.

'엄친자모' 라는 말처럼 아버지는 내게 무섭고 엄격하신 분이셨고 엄마는 늘 자애롭고 자식들 위해 모든 것을 희생하시는 분이셨다. 사춘기 때 가세가 기울자 엄마는 사모님에서 세탁소 집 아줌마로 호칭이 바뀌었다. 사업 실패로 인해 술에 의존하는 날이 많아지신 아버지의 시집살이와 힘든 생활고를 감당하셔야만 했다. 나 같으면 사는 게 너무 벅차서 엄마며 아내의 자리를 내어놓고 내 인생 찾아 훌쩍 떠났을 텐데 엄마는 너무도 커다란 짐을 한 평생 지고 계셨다. 그렇게 엄마는 점점 세월의 무게만큼 등이 휘어지셨다.

칠순을 훌쩍 넘어 자유의 몸이 되신 엄마는 요즘 동사무소에서 여는 노래 교실에 나가시고, TV를 보시며 유익한 생활 정보를 빠짐없이 메모하셔서 자식들에게 알려 주시는 재미로 지내신다. 좋은 노트가 아닌 이면지에 빼곡하게 글씨를 쓰시는 엄마는 마치 우등생 같다.

평소에 무수리로 살다가 갑자기 친정 엄마 앞에서 공주님이 된 듯 신분 상승의 기쁨을 맘껏 누리는 순간 내 레이더망에 낯익은 책 한 권이 들어왔다. TV 앞 엄마의 작은 책상 위에 내 이름이 처음 나온 동인지가 가지런히 놓여 있었다. 어린 시절 글짓기로 몇 번 상장을 받아 온 적은 있지만 잊고 살았던 꿈을 키워 보고자 문예 창작반에 들어가서 초기에 쓴 부끄러운 작품들이다. 엄마는 그 책을 수 없이 많이 읽으셨을 것이다. 그리고 지인들이 놀러 오시면 또 얼마나 자랑을 하셨을까? 우리 집에선 대접을 못 받고 있는 동인지가 친정에선 엄마의 정성으로 비닐 옷 입고 늘 깨끗한 모습으로 엄마와 함께 있는 것이다.

늘 엄마께 투정만 부리고 짜증만 냈던 사춘기 여학생이 아니건만 아직도 몸에 밴 습관을 버리지 못해 살갑게 대해 드리지 못한다. 출가 전 객지에서 직장을 다닐 때에도, 조금 늦은 결혼 생활에 뚝 떨어져 살 때도 나는 별로 부모님 생각을 못하고 살았다. 오히려 때 시간이 되면 재수하는 아들 걱정에 밥은 제대로 먹었을까? 비가 많이 오는데 아들이 공부하는 산사의 방은 괜찮을까? 비는 들이치지 않을까? 하는 생각을 이따금 하게 된다. 우리나라 속담에 '내리 사랑은 있어도 치

사랑은 없다.' 는 말에 100% 공감을 한다. 부모가 된 순간부터 세상을 뜰 때까지 자식이라는 끈을 놓을 수 없는 것이 부모이다.

너희들을 위해 내가 할 수 있는 게 뭐가 있을까 하시는 엄마의 말씀에 오래오래 건강하게 계시는 것이 자식들 위하는 거니까 이젠 엄마를 위해서 사시라고 말씀드렸다. 가슴이 쓰렸다. 남은 시간을 당신을 위해 사시고 싶어도 오래 걷는 것조차 힘드시고 용돈이 넉넉지 않은 데 과연 편안하게 사실 수 있을까? 어렸을 적부터 입버릇처럼 호강시켜드린다던 약속은 내가 얼마나 더 커야 지켜드릴 수 있을까? 호의호식을 시켜드리기 전에 안부 전화라도 자주 드려야 한다는 것을 잘 알면서 실천을 못한 내 자신이 정말 부끄럽다.

그날 밤 선풍기 앞에 누워서 TV를 보는데 엄마가 내 발등에 생긴 아토피 부위에 연고를 여러 번 발라 주셨다. 이미 50이 된 딸의 발을 안쓰러워하며 정성껏 마사지 해 주시는 엄마의 손길은 참 따뜻했다. 내가 완전히 엄마의 은혜를 갚으려면 다음 생애에 내가 엄마로 태어나고 엄마가 내 딸로 태어나서 그대로 갚으면 모를까 그 전에는 정말 어려운 일이다.

친정에 내려갈 때엔 가방 하나에 쇼핑 백 하나였는데 올라올 때는 쇼핑 백이 두 개로 늘었고 무게도 상당히 늘었다. 내가 엄마를 사랑하는 마음과 엄마가 나를 사랑하는 마음의 차이만큼 무게도 늘어나 있었다. 엄마는 오늘도 자식들 삶에 등대지기처럼 레이더망을 열어 놓고 계실 것이다. 나는 내 자식을 향한 사랑에 전전긍긍하며 지내는데도 말이다. 치사랑은 인색하기만 하다.

강해경

창 작 노 트

멈춰진 세월만큼 녹슬어 버린 걸까
가슴엔 한가득인데 풀어내려면
어느새 고갈되고 마는……
그러나
포기할 수도
포기되지도 않는 사랑

詩

01

해바라기 꽃길을 가다

그대가 나를 품어
꽃을 피우는 동안
무심한 나로 인해
애를 태웠고

더는 피우지 못한 안타까움만
촘촘히 박혀
까맣게 게워낼지라도
오롯이
감당해 준 줄기여

무엇으로도
뿌리내리지 못해 돌아온 길
햇살 가득 안겨 준 그대
주체할 수 없는 지난 세월이
알알이 쏟아져 내린다.

02

봄비

그리운 발자욱소리
한 나절 내내 토독토독토독……
아련한 기억까지 불러들여
목마름, 잔뜩 받아 삼키다
봉긋한 꽃망울 툭 터지면
하아! 나무라지 마셔요
속없이 웃어도
속없이 울더라도……

03

이별 시리즈 1

옷장 열어
주섬주섬 챙겨 넣다가
뭉텅뭉텅 덜어내기를
골백번 변덕부리다
이제 매듭을 동여맨다

단정한 뒷모습으로 남기 위해
장식품 같은 킬힐이나
닳아빠진 단화보다는
적당한 높이의 구두를 신어
모든 수위를 다스려야 한다

이럴 수 있다니
세월이 고맙다
내 허울을 앗아가며
내려놓는 법을 알게 했구나
아픈 것을 세 끼 식사쯤으로
내 오래된 불면증과 함께 엉켜 가리라

말문을 열자
말이란 길어질수록

꼬리표처럼 따라붙는 아쉬움 같은 것
내 가슴속 뜨거운 한 마디
그대가 새겨들으리
'정말 고마웠어요'

04

한옥마을에서

새색시 상기된 얼굴로
대청마루에 마실 나왔나
찻잔 속에 오묘히 스며든
다홍빛 오미자차

댓잎 바람 들어
사락사락거리는 소리
낙숫물 댓돌 위로
뜸벙뜸벙 떨어지는 소리
가야금 선율 따라 창호지를 건너올 때

검은 기왓장 사이로
이끼 낀 지난 세월이
물집처럼 부풀어 오르고
사부작사부작 걸어 들어오는
고무신 같은 인연이여

사랑가 한 소절에
눈빛은 곡선따라
그저
한시름 달래 가도 좋으리

05
제부도

창살에 꽂힌 빗줄기
불꽃으로 비명 칠 때
틈새 없이도 스며드는 비릿함
실오라기 한 가닥 걸치지 못하고
출렁출렁
이승을 넘어가는가

퍼질러 앉은 너럭바위
우르릉 우르릉
밤새
흙탕물을 토해 내어도
내일이면
뽀얗게 길 열어 줄 당신

신음하는 바다의 제방이었네

06 아버지의 귀래를 바라며

당신은 지금
어느 험한 능선을 타고 오르시길래
물 한 모금조차 허덕이십니까

산기슭 꽃을 피우고
올망졸망 열매들 무르익을 동안
등 굽어진 세월 버텨 내셨듯
부디
심장 타도록 부르는 메아리의 울림에 답해 주십시오

당신은 지금 어느 허허바다로 떠나시길래
짓무른 눈가 물결만 번져 나십니까

하늘과 맞닿은 수평선
거센 폭풍우와 사투를 벌이시는 당신이여
마중 나간 등대의 눈망울을 떠올려
부디
푸른 돛대로 우뚝 서서 노 저어 돌아오십시오

아버지……

07

기계의 방 – 고3 딸이 되어

어두운 방에서는 이따금 기계 돌리는 소리가 났다.
여기는 기계만 있는 방,
누군가 말했다.
나는 사람이야 사람이라고
몇 번을 말했지만
여기에 들어온 이상은 상관없다고
시키는 대로만 하라고 한다.

이렇게 만들어.
저렇게만 만들어.
내가 시키는 대로 해. 내가 만들라고 하는 대로만 만들라니까!
반복되는 똑같은 일상
명령을 하는 사람은 언제나 같은 명령을 한다.

왜 이 기계들은 창의적인 걸 만들지 못하지?
……
나는 아무 말도 하지 못했다.

그리고 늘 같은 반복을 한다.
이젠 지치지도 않게 되었고

왜 사는지도
왜 여기 있는지도 모르게 될 무렵.
어이없는 체념을 담고 말을 한다.

기계가 하나 더 늘었군.

공석남

창 작 노 트

작은 보도블록 사이를 뚫고
올라온 민들레
꽃이 되어 바람결에 날리고 싶다.

隨筆

주운 돈에 대하여

한 번쯤은 돈을 주운 기억이 있을 것이다. 십 원짜리에서부터 백 원, 천 원, 만 원에 이르기까지 우연히 지나는 길에 떨어져 있는 것을 줍게 된다. 이상하게도 땅에 떨어진 것을 줍는 것인데도 남의 눈치를 본다. 당연히 남의 물건을 훔치는 일은 아니다. 그러나 남의 물건에 손을 대는 일이기에 눈치를 보는 것은 아닐지 아리송하다. 또한 많든 적든 내 손에 있으니 내 맘대로 쓸 수 있는 권한이 있다. 그러나 그 권한이라는 것이 달갑지가 않다. 한마디로 내 것이 아니기에 떳떳하지 못한데 흠이 있다. 어디에 쓸까도 마땅치 않다. 공돈이 생겨서 좋다고만 할 일이 아닌 것이 주운 돈이다.

앞에 돈이 떨어져 있는데 내 것이 아니라고 그냥 지나쳐 갈 수 있으면 그건 성자다. 누가 주워도 주울 돈인데 먼저 본 사람이 줍는 것은 인지상정이라 생각한다. 잃은 사람이 어디에 떨어뜨린 줄 알고 찾으러 올 것을 어찌 알겠는가. 설령 되돌아와 돈을 찾는다고 한들 한정된 곳이 아니라면, 그 돈의 자취는 벌써 누구의 호주머니 속으로 구겨져 들어갔으리라. 당연히 주인을 찾아 주어야 옳은 일이란 것은 유치원 때부터 배운다. 그러나 알지만 모른 체한다. 순간 욕심은 호주머니를 채우고 비호처럼 눈가에 엷은 미소까지 띄우며 은근히 좋아도 한다. 앞으로 닥칠 재앙은 생각지 않고 돈을 주운 기쁨에 쓸 궁리를 한다. 이것이 나란 사람이다.

며칠 전 산에 갔다 내려오는 길이었다. 다섯 명이 두런거리며 조금 한적한 숲길로 접어들었다. 토요일이라서 인파가 말이 아니었다. 흙먼지는 뿌옇게 날리고 바짓단은 고운 먼지로 탈색이 되었다. 사람이 덜 다니는 길을 찾느라 일부러 조용한 숲길로 들어섰던 것이 횡재를 하게 되는 계기가 된 것이다. 웃고 떠들며 중간쯤 왔을 때 앞에 간 사람도 못 본 돈을 내가 중간에서 주워 들고 신이 났다. 어안이 벙벙하다. 세어 보니 오만 원이다. 그런데 사람 마음이 별나다. 어디에 쓸까부터 생각이 되다니, 점심을 안 먹었다면 같이 점심이나 먹겠는데 상추랑 배부르게 먹고 내려오던 길이다. 오늘 안에 써야 된난다. 좀 전의 기쁨 뒤에 걱정이 앞선다. 어디에 어떻게 써야 할까? 나 같은 사람은 돈이 생겨도 무서워서 못 쓸 것 같다. 오만 원을 가지고 이렇게 쩔쩔매며 전전긍긍하다니, 만약 오천만 원이었다면 까무러치지 않을까 모르겠다.

주운 사람은 어디에 쓸까 전전긍긍하지만 잃은 사람은 나름대로 가슴앓이를 하지 않을까 한다. 많든 적든 잃는다는 것은 속상하고 기분 나쁜 일이다. 아저씨가 아니고 아줌마의 돈이라면 그것도 일반 주부라면 적은 돈은 아니다. 만약 그 돈으로 꼭 해야만 할 일을 못할 수도 있지 않을까? 그 돈이면 일주일 치 부식비가 될 수도 있고, 어린아이 간식비로도 충분할 것이다. 아니 멋지게 미장원에서 파마도 할만 한 돈이다. 물론 자신이 빚은 과실이라고 여기고 한 가닥 접을지도 모르지만, 이왕 내 손을 벗어난 것이니 가슴 아프게 생각지 않는 것도 좋을 일이다. 내가 잃어버리지 않았으니 태평한 소리한다고 핀잔을 들을 소리인 줄 안다. 돈의 임자를 찾아 주고 싶다. 방법이 생각나지 않는다. 종로 네거리에서 김서방 찾기라고 하는 말이 지금 내 심정이다.

주운 돈은 그날로 소비해야 한다는 속설이 있지만 나는 그 돈을 그 날 쓰지 못하고 다음 날 새벽미사에 헌금으로 넣었다. 이렇게 그 돈은 내 손에서 벗어났고 나는 주운 돈의 굴레에서 벗어났다. 얼마나 홀가분했던지, 그것으로 인해 내려앉은 가슴의 무게가 날개를 달고 푸른 하늘을 향해 날아가는 느낌이다. 그래서 내 것이 아니면 지니지도 말고 쳐다보지도 말고 욕심도 내지 말라 했나 보다. 편안한 마음은 욕심이 없어야 된다. 돈을 주었을 때의 설렘보다 그 돈의 굴레에서 벗어난 자유스러운 시간이 맺혔던 가슴을 풀어 주었고 걱정이라는 테두리에서 잠시나마 헤맸던 어리석음을 안 것 같다. 돈을 잃어버린 그 사람의 이름으로 하느님은 기록하실 것이다. 그것은 잃어버린 사람보다 더 불행한 이웃들을 위하여 그 돈이 값있게 쓰이기를 빌었다. 돈을 줍는다는 것은 무조건 좋아할 일이 아니라 자신을 달아 보는 일종의 저울이 아니었는가 싶다.

도봉산, 포대능선에서

도봉산에는 아름다운 능선길이 많다고 한다. 포대능선을 비롯하여 사포능선, 다락능선, 보문능선, 바위능선에 이르기까지 경치도 좋고 신기하다고 해서 가 보고 싶었다. 능선길에 오르면 바라보는 것만으로도 산 정상에 선 것처럼 후련한 기분이 들게 마련이다. 산이 주는 청정한 공기도 산 아래와 다르고, 사방이 트인 공간이기에 시각적인 면도, 몸으로 맞는 자연의 모습도 다르다. 그처럼 능선은 가슴을 열어 준다. 산의 문을 열어 주는 포인트처럼 가벼운 마음이 되기도 한다. 억만 년의 겹겹이 싸여진 비밀스런 곳을 발견하는 것처럼 신비와 감동의 물결이 한 곳에 어우러진 곳이라 생각한다. 능선은 정상과 맞먹는 요새라는 말이 더 적절하지 않을까 생각한다.

포대능선으로 방향을 잡고 망월사역에서 출발했다. 입구에서부터 이름난 사찰 이정표가 눈에 띄었다. 말만 들었던 조계종 대원사의 당우들이 서울의 역사를 짊어지기라도 한 듯이 버티고 굽어보고 있는 것 같다. 오른쪽으로 난 길옆에 길상시리는 이정표가 애잔하다. 무소유를 외치고 아름다운 마무리를 위한 법정스님이 거처하던 곳이다. '이 세상에 영원한 것은 없다. 모두가 한때일 뿐 그 한때를 최선을 다해 최대한으로 살 수 있어야 한다. 삶은 놀라운 신비요, 아름다움이다. 그 순간순간이 아름다운 마무리이자 새로운 시작이어야 한다.' 는『아름다운 마무리』서두의 말씀이다. 그는 갔지만 우리들의 가슴 안에 그 숨결을 심어 주는 듯 이정표에 잔잔하게 비쳐 온다. 무심코 걷는 발길에도 의미가 숨어 있을 것 같은 생각이 든다. 살아있기에 받아야 하는 업보일까? 한 순간이라도 아름다움으로 마무리 짓기를 바라는 스님의 말씀을 새기며 오르는 길목에서 심장이 뜀을 달래고 있다.

숲길에 들어서자 정감이 가는 냇물소리가 하얀 바위들 틈을 타고 졸졸거리며 흐른다. 오르는 길옆으로 도봉산에 기생하는 각종 풀들의 사진과 벌레들이 작은 전시물이 되어 사각의 틀 안에 비치되어 있다. 사람들이 씨앗을 뿌려 가꾸지 않아도 제 스스로동족을 퍼트리는 기생수단이다. 식물의 씨앗이 날개가 되어 바람에 날려 퍼트리는 것으로 단풍나무와 사위질빵이라는 풀도 있다. 바늘이 되어 사람의 바지나 옷에 끈끈이처럼 붙어서 다른 곳으로 이동하는 도깨비바늘과 쇠무릎, 그리고 팥배나무와 찔레꽃 열매는 동물에게 먹혀서 자신을 새롭게 새싹이라는 거룩한 이름으로 드러내고 있다. 스스로 터져서 영역을 차지하는 아카시와 제비꽃 등 수없이 많은 식물들이 숲속 기존의 질서를 유지하며 살아가고 있다. 이들의 모습을 사진으로 보면서 이처럼 자신의 종족번식을 위하여 말없이 애쓰고 있는 식물이 신기했고 범상함을 느끼게 한다.

강원도 설악산에라도 온 듯한 거대한 바위들을 감상하며 올라와 덕제샘에서 시원한 물 한 바가지 들이키고 올라서니, 그 유명한 망월사가 우람한 바위 위에서 내려다보고 있는 것이 아닌가. 사찰은 이렇게 경관이 좋은 곳에 지어져야 함을 눈으로 확인할 수 있는 기막힌 곳이었다. 선덕여왕 8년 해호

선사에 의해 창건되었다고 한다. 삼국통일과 신라 왕실의 융성을 기원하기 위해 지어진 절로, 종립선원으로 유서 깊은 참선수행도량이라고 한다. 망월사, 그 이름도 월인천강月印千江의 이치에 합당하도록 부처님의 가르침이 달빛처럼 천 곳의 강을 비추인다는 뜻에서 유래되었다고 하니, 정말로 모든 것을 포용할 수 있는 요지에 지어진 사찰인 것 같다. 높은 망루에 올라 보는 것처럼 사방을 휘어잡을 듯 내려다보는 형세는 보는 이로 하여금 경탄을 금치 못하게 한다. 당우들을 둘러보며 종각을 끼고 돌아 포대능선으로 향한다.

능선엔 울긋불긋 꽃이 핀 듯이 올라앉은 사람들의 모습과 조망 좋은 자리에서 바라보는 도봉산 자락이 한 눈에 들어오고 있다. 계절이 좋으니 산수 또한 곱고 청명하기 이를 데 없다. 절묘한 바위에 걸터앉아 숨을 몰아쉬고 조용히 관망하는 모습은 참선이 따로 없는 것 같다. 억 겁의 바위들이 수만 년을 감내하고 태고의 빛으로 다가오고 있다. 보기에도 청아한 소나무들, 그 뿌리를 내리고자 엄청난 힘으로 쪼개 놓은 바위틈 사이로 피멍이 맺혀 있는 구불거리는 생명줄, 그 순간 삶의 끈질긴 굴곡을 겪었을 가엾은 모습 앞에 절로 경이롭기까지 하다. 능신길에는 이렇게 사람들의 발밑에서 신음하는 나무들이 많다. 하지만 그것들은 밟혀도 채여도 말없이 제 삶을 살고 있다.

자운봉과 만장봉을 바라보며 수려한 능선에서 점심을 먹는다. 이러한 산 멋에 밥맛 또한 기막히다. 능선에서 보는 산의 절경은 몇 배의 신비로움으로 비쳐 온다. 봄날의 푸른빛 속에서 억만 년 묵은 찌꺼기 걸러내고 우뚝 솟아 있는 듯한 만장봉, 태고의 아픔을 안은 바위들이 갈라지고 깨어져서도 제 길을 이탈하지 않은 그 의지가 대단하게 보인다. 아슬아슬하지만 견고하다. 무엇이 그 묵중한 돌을 받치고 끌어주고 있는지 넘어트려 보고 싶을 만큼 수려한 바위 덩이다. 그 사이로 돋아 생명을 키우는 소나무는 하늘이 주신 이슬만 먹고 사는지 여리긴 해도 장대한 기상은 꼿꼿하다.

자운봉 바위에 걸터앉아 도봉산을 휘돌아 본다. 그림처럼 아름다운 한 폭의 산수화이다. 그림을 그릴 줄 안다면 6월의 태양 아래 구슬처럼 영롱한 나뭇잎에 앉아 있는 이슬과 사람들의 땀방울을 매치시켜 푸른 하늘에 물방울 스텝을 펼치고 싶다는 생각을 한다. 뒤이어 펼쳐진 산줄기를 형성한 능선의 굴곡들을 넣고 싶기도 하다. 산길을 형성한 능선은 도봉산의 멋을 한층 돋보이게 하는 명소이다. 험난하고 바위투성이로 이루어졌지만 능선은 많은 사람들을 만났고, 많은 애환을 겪으며 수많은 사계의 산물을 보여 주려 애쓴 도봉산의 일등공신이다. 언제나 능선을 향한 인파로 몸살을 앓아도 끄떡없는 몸은 산을 좋아하는 이들에게 기쁨과 환희를 말없이 안겨 주고 있음을 본다.

이 빠진 그릇

저녁에 설거지를 하다 사발끼리 부딪쳤다. 작은 소리였어도 순간의 부딪침치고는 고성능이었다. 그냥 사발이 마주 닿는 소리가 아닌 뭔가 한 대 얻어터진 듯한 신호가 오는 압축이었다. 고무장갑을 끼었기 때문에 세제로 인한 미끄러움에서 잡지 못했고 둔박한 손의 감촉을 벗어난 사발은 그대로 설거지 통으로 떨어지고 말았다. 재빨리 장갑을 벗어 동댕이치고 맨 손이었다면 하는 때 늦은 후회가 안타까움이 되어 사발을 집어 들었다. 속이 짜안하다.

하얀 사기 주발은 다른 것에 비해 얄팍하면서 가볍고 특이한 문양이 새겨진 것은 아니지만 나름대로 신선했다. 오래 사용하였지만 싫증을 느끼지 않고 편했던 것이다. 게다가 남편 승진 기념으로 회사에서 선물로 사준 것이기에 귀히 여기던 그릇임에 틀림없다. 이 빠진 그릇을 들고 쳐다보니 그가 어른거린다. 그도 나처럼 마음이 아린 듯이 일그러진 모습으로 날 보고 있는 것은 아닌지. 어려웠던 시절을 살았던 주역들이다. 가정도, 사회도, 국가도 힘들었던 과도기를 살며 알뜰함만 몸에 밴 세대다. 작은 것 하나도 버릴 줄 몰랐고 망가지면 고쳐 쓰려고 했지 버리기가 우선이 아니었다. 다시 사면 된다는 사고가 몸에 배어 있지 않았기에 잊어버린 물건, 혹은 버려야 된다는 것에 대해서는 쉽게 포기가 되지 않았다. 그렇게 살았던 덕에 이만큼 산다고 전에 아이들에게 말했었다. 이 빠진 주발을 들고 있으니 날 보며 구질구질한 옛이야기는 듣고 싶지 않다는 아이들의 눈빛이 은연중에 비쳐 든다.

사람이나 그릇이나 만만한 것이 있다. 손에 맞고 맘에 들어서 없어서는 어디가 허전한 것 같은 것 말이다. 언제나 곁에 있어야 마음이 편안한 허물없는 친구처럼 그렇게 싱크대를 열면 그 주발부터 꺼내야 되고, 항상 밥을 담고 국을 담으면서 언제까지나 함께 할 줄 알았었는데, 버리자니 아깝고 쓰자니 보기 싫은 주발이다. 일러 계륵鷄肋이라 했던가. 이 빠진 그릇은 보기만 해도 너무 구차한 느낌에 몸마저 오그라지는 것 같다. 이제 무엇이 아까워 버리지를 못할까 하고 대범한 척했지만 마음은 왠지 허전하다. 그 동안 잘 썼으니 감사했다고 싱크대 깊숙이 묻어 둘까?

7월 초순 중국 장사로 여행을 갔었다. 밤 비행기를 탔기에 장사공항에 내려 호텔에서 쉬고 아침식사를 하게 되었다. 식당은 2층에 있었다. 둥근 테이블로 분위기도 아늑하고 뷔페식이었는데 음식도 깔끔한 편이었다. 음식을 담으려고 접시를 집어 들었는데 접시는 너 나 없이 이가 빠져 있다. 큰 접시뿐 아니라 작은 계란 접시까지 한두 군데 빠져 있고 얼마나 그 상태로 오래 썼기에 이 빠진 틈 사이로 때인지 묵은 지혜인지 알 수 없는 변색된 가는 줄이 세월을 이고 있는 것처럼 보였다.

장사시는 장사 공항이 있고 호남성 도청소재지이며 남북한 합친 것만큼 큰 땅덩어리와 인구가 6천만 여 명이 살고 있는 대도시이다. 우리가 묵은 호텔도 최고는 아닐지 몰라도 서

민들이 쉽게 다가갈 수 없게 고급스럽다는 평이었다. 그런데 이 빠진 접시를 보고 우리가 모두 놀란 것은 당연했다. 가이드가 말했다. 이 접시는 연륜을 말하고 친근감을 더 강조하는 것이며 한마디로 중국의 음식 역사를 말하는 것이란다. 그만큼 음식에 치중하는 국민인데 그릇이 뭐 그리 대단할까 생각도 해 본다. 하지만 보기 좋은 떡이 먹기도 좋다고 제대로 된 접시였다면 오래도록 그 호텔 음식을 기억하게 될 것이다. 그 그릇에 음식을 담는다고 음식 맛이 한 옆으로 새지는 않을 것이다. 그러나 우리의 상식으로는 대단한 실례가 될 수 있는 일이기도 했다. 그 나라의 음식문화를 이 빠진 접시에 담기는 하지만 그들은 우리의 사고를 이해하지 못한다. 그들 역시 자신들의 이 문화를 자랑하기에 이렇게 당당한 모습으로 이 빠진 접시를 식탁 위에 놓았을 게다.

언젠가 읽었던 「아름다운 밥상」이 생각난다. 깨진 그릇 조각을 소중하게 모셔 두었던엄마의 첫사랑이 숨어 있었고, 그와 함께 부딪쳐 이가 빠진 접시와 새 그릇들로 아름다운 밥상을 차리는 여인의 마음을 소중하게 그린 작품이다. 남들은 손님이 와야 좋고 귀한 그릇을 내어 예쁜 상차림을 하지만 주인공은 사랑하는 가족을 위해 자신이 가장 아끼는 그릇들로 매일 상을 차리며 순간의 즐거움을 맛본다고 했다. 가족을 위한 사랑이 이런 밥상을 차리는 것만은 아니지만, 소중한 사람들이 가족이란 의미를 상차림에서 부여한 것만은 사실이었다. 보석함에 간수한 보석보다 이 빠진 접시를 갖고 싶어한 딸의 엄마 사랑도 기특했다.

나의 실수로 이가 빠진 주발이지만 내 생전은 가보로 여기며 사용하리라. 간혹 보기 싫을 땐 예쁜 보자기에 싸 두면서, '우리 집 문화는 이 빠진 사발도 사랑한다고.' 혼자 중얼거리는 저녁시간이 쓸쓸한 것은 찬바람이 불어서일 거라고 생각하면서 이 빠진 그릇에 대한 미련을 버리지 못한다. 이렇듯 사람이 살다 보면 이런 그릇처럼 잠깐의 부주의로 되돌릴 수 없는 실수를 할 수도 있을 것이다. 가족 간에, 또는 사랑하는 사람들, 친구 사이에 우정에도 금이 갈 수 있는 일은 이 빠진 그릇처럼 뭔가 빠져나간 듯 허전하고 되돌릴 수 없는 안타까움이 스며든다.

만 원의 행복

만 원짜리 지폐를 본다. 빳빳하고 구김살이 덜하면 참으로 기분이 좋다. 그러면 세종대왕의 초상화도 날 보고 좋아하는 것처럼 보이고, 다시 한 번 초상화를 쳐다보게 된다. 자세하게도 이조의 년대가 나와 있는 것을 처음 보았다. 만 원 권이라고 알고 쓸 줄만 알았지 돈에 그려진 도안들을 자세히 보지 않았던 것이다. 오른쪽으로 초상화가 있고 왼쪽은 그냥은 보이지 않는다. 들어서 비추면 초상화가 또 하나 보인다. 그리고 우리나라 지도가 반짝거리며 보이고 있다. 나라 없는 돈이 있을 수 없다는 것을 말해 주듯 말이다. 뒷면에는 과학의 산물인 혼천의(측우기)가 도안되어 있다. 있으면 좋고 없으면 아쉬운 것이 돈이 아닐까 한다. 이래서 만 원짜리 한 장으로 행복을 느껴 보려고 한다.

만 원을 보면서 돈이 인간에게 끼치는 행불을 생각게 한다. 개도 물어가지 않을 못된 것이라고 화가 나 울부짖던 드라마의 아낙이 생각난다. 드라마뿐 이겠는가. 꼭 필요한데 주머니 탈탈 털어도 번시만 풀풀 날린다면 얼마나 맥 빠지는 일일까. 집에는 가야하는데 비는 야속하게 죽죽 쏟아지고 가진 것은 버스비도 없고 생판 모르는 사람 뿐인데, 손 내밀고 구걸할 수도 없을 때, 무작정 지나가는 택시를 탔다고 하던 남자 동창생의 뻔뻔한 얼굴이 지금 생각난다. 얼마나 다급했으면 그랬을까? 하다가 그 용기 한 번 대단하다고 유쾌하게 웃었던 일이 있었다. 이처럼 돈이 없으면 그런 용기라도 있어야 돈 대용으로 사용할 텐데 하는 임기응변이 부럽기도 하다. 만 원이 그리 큰 돈이 아니련만 어쩌다 시장이라도 볼라 치면 돈이 모자랄 때가 있다. 꼭 필요해서 사야 하는데 난처할 경우, 죽치고 앉아서 깎아 달라고 매달려 구입했을 때의 기쁨은 자신이 아니면 모를 게다. 여하튼 만 원으로 행복해지는 일은 생각하기에 따라 다르다고 본다.

만 원을 가지고 조조영화 두 편을 보았을 때의 쾌감 역시 만 원의 행복이다. 친구와 나는 즐겁고 한가한 마음으로 보고 싶은 영화를 볼 수 있는 것도 좋았다. 맘껏 가슴을 열어 울 수 있었던 영화였기에 그 감흥이 오래도록 가슴에 아려온 것이다. 6.25가 생각나는 달, 학도병이란 명목 아래 무참히 총알받이가 되어 죽어 가던 현장이 아렸기 때문이고, 전쟁이란 것도 군인이란 것도 생소했던 어린 생명의 소리들이 포화 속에서 들리는 것 같아 무작정 가슴이 아려 눈물이 되었다. 실화를 영화화했다고 해서인지 더욱 조여지는 아픔은 우리가 처한 남북 상황을 생각게 했다. 전쟁영화를 보면서 내 안에 숨어 있는 욕심을 줄일 것을 생각한다. 나는 얼마나 내 안에 내가 생각지 못한 깊은 골을 파고 있지 않은지, 욕심을 가두어 둘 아무도 모를 구덩이에 차곡차곡 채우고 있는 것은 아닌지, 양심만을 비추는 맑은 거울이 있다면 하면서 만 원의 행복 속에서 실 컷 울어 봤다.

지난 봄 만 원짜리 여행을 했었다. 실은 만 원이 쓰자면 한 끼 반찬 거리 밖에 할 수 없을 때도 있고, 영화나 한 편 본다거나 책 한 권 산다거나, 과일 한 번 살 돈 정도라고 생각한다. 물론 쓰는데 따라 그 용도가 달라질 수 있겠지만, 그리 큰 것을 하기엔 만족할 수 없는 돈이라고 생각한다. 그런데 하물며 하루를 즐길 수 있다면 이건 내게 주어진 특혜 같다는 생각도 들었다. 만 원을 가지고 파주로 인천으로 해서 팔미도행 배도 타고 라이브 쇼도 볼 수 있다니 믿을 수가 없었다. 그 돈이면 버스비도 모자라지 않을까 생각된다. 귀를 의심하면서도 밑질 일 없으니 가보자는 권유에 거짓말 같은 여행에 동참하자고 만 원을 선뜻 내어 주었다. 어떠한 행복이 나를 기다리고 있을까 궁금한 마음도 가지면서…….

경기도 파주시의 한 사슴 목장에서는 건강학 강의를 듣고 사 달라고 매달리는 손을 야멸치게 뿌리치느라 혼쭐이 났다. 가이드의 얼굴이 붉으락푸르락 불안했지만 우리들은 맛있는 쇠고기 전골로 점심을 먹었다. 기대했던 인천 앞바다에서 이층으로 된 호화 유람선을 탔다. 바다 바람만 맞아도 기분이 좋은데 생음악이 잔잔하게 스며드니 금상첨화였다. 라이브 쇼는 러시아 여성들이 펼치는 캉캉 춤으로 관객과 함께 돌아가는 무대였다. 배 안의 사람들은 신이 나서 현란한 조명과 고막을 찢을 듯한 소리에도 아랑곳하지 않았다. 어쩌면 이 무대가 좋아서 온 것 같은 착각이 들 정도로 즐거워했다. 이층엔 필리핀 부부의 생음악이 대조를 이루듯이 조용했고, 아름다운 음률이 바닷바람에 실려 가고 저녁 풍경은 노을 진 바다에 스며들고 있었다. 연기자는 필요에 의해 행해지는 행위 예술이지만, 그 순간만은 심혈을 기울인 모습에서 관객은 감동을 받게 마련이다. 어울림의 문화마당에서 만난 만 원의 행복이 조용히 음률을 타고 스며들고 있었다.

만 원치고는 정말로 많은 곳을 다녔다. 약장사만 하루 종일 따라다닌 것 같다고 투정도 했지만, 나름대로 이런 여행의 한 면을 본 것도 이번 여행에서 얻은 수확이리라. 세상은 이래서 헤아릴 수도 없이 넓은 것인지도 모르겠다. 우물 안 개구리 같은 내 안에서 우물 밖의 사람들이 살아가는 모습을 어디까지가 진실이고 어디까지 믿어야 할지 아리송한 삶의 일면을 또한 보고 왔다. 그러나 만 원으로 느끼는 행복은 그 이상이었다고 생각한다.

김현숙

창 작 노 트

풋과일 시절 꿈
버리지 않고 간직했음에
시절 인연 만나
봄비 되어 내리고
노란 모과로 익을 날을 기대해 본다

詩

01

고향

어머니 탯줄 찾아가고 싶은 날
고향에 두고 온 포근한 그리움 다가선다
어스름녘 벌겋게 충혈된 눈 안고
고개 숙인 가로등 길 배회할 때
초가 굴뚝 연기 되어 피어나는 곳
꺾인 마음 초라히 작아진 날도
청보리밭 평화로움 물결쳐 온다
어깨 낮아진 날
쌓아 둔 그리움 보따리 가득 담아
모양새 낸 설렘 안고 밤기차에 올랐다
큰 우산 되어 주신 아버지 잠들어 계신 곳
넘쳐나는 그리움 곡차에 담아 뿌리고
철부지 소녀 되어 앉아
소리 없이 웃는 철쭉만 만지작거리다
밤나무가지에서 눈물 없이 우는 새를
아버지 환생인 양 바라보며
기다림에 지쳐 눈물도 말라 버린 모습 같아
애잔한 설움만 펴내다
기별 없는 야속함에 발길 돌릴 제
깊은 바닷속 일렁이는 꿈 하나 손에 쥔다
사대육신 뿔뿔이 흩어지기 전

고향 언덕에 곱게 앉아
잔잔한 소리들 내 시 속에 앉히고 싶다는

02

광교산에서

웃을 일 없을 것 같던 봄날
인적 뜸한 늦은 오후 광교산 자락에 발길 둔다
연분홍 단장한 두견화
수줍음 안고 맑게 웃고 있다
눈 맞추며 빙긋이 같이 웃었다
웃음 뒤엔 한 움큼 마음이 열려
각진 마음이 둥글게 모양새 낸다

회색 저무는 오월
광교산 저수지가에 앉았다
주홍빛 단장한 잉어 벙긋벙긋 웃는다
옆에 선 아카시도
하얀 이 드러내며 싱그럽게 웃고 있다
웃음이 난다
세상에는 웃을 일도 많았는데
웃고 나니 닫혀 있던 가슴 활짝 열려
우주도 품을 것 같다.

03

능소화

보명사 대웅전 앞
키 큰 소나무 껴안고
나풀나풀 하늘 향해
솟아오른 능소화

화려한 단장
요염한 자태
천상 꿈 향해
담 너머 세간에
제 모습 뽐내고 있다

세찬 소낙비 태풍에도
제 모습 그 자리
애처롭게 매달려 있는 능소화

어느 날
그 꽃 모양새로 뚝 떨어져
생을 마감했다
처연한 맘 둘 길 없어
허무 속을 걸었다

04

당신

지난 날
갈 길 잃고 허덕이던 삶의 자락
삼라만상이 슬픔에 잠겨
웃음도 허락하지 않고
밤도 잃고 나도 잃어버린 날
천년의 사연 안은 고요 속에서
당신을 만났습니다

그 누구를 애간장 녹도록 미워하던 날
용서 포용의 미소 보내며
거룩한 사랑의 향기로 바라보던 당신
만신창이 된 존재로
검은 그림자 떠올린 날
소리쳐 불러도 대답 없던
내 안의 보석을 찾아 주신 당신

그 모습 향기에 취해
집착 미움 내려놓던 날
멀어질 수 없는 인연이라 믿었습니다
이젠
내 삶 깊은 곳에 당신의 향기 그윽하고

당신을 닮아가고 있습니다
다음 생엔 당신이고 싶습니다.

05

벚꽃 지던 날

천상에서 하얀 꽃비가 내리던 날
굉음 소리내며 달려든 네 발 달린 짐승 앞에
한 송이 피지 못한 꽃봉오리 뚝 떨어졌다

정신줄 놓아 버린 모정
사각의 어둠 속에 갇혀 끝없는 미로 속 헤매고
침묵이 빈 공간 무섭게 휘감는 유일한 젖줄
식탁 위 주인 잃은 수저 나란히 누워 있고
비바람 울어대는 소리
대문 밖 얼굴 떠올라 오지 않는 기다림 놓고
맨발로 하얀 밤과 씨름했지

남은 자의 꿈틀거림 성인의 한 소리
세월이 처방전 되어 땅을 보고 길을 가지만
재잘대던 단발머리 모습
큰 바윗돌 밑 숨어 있던 그리움
샘물 되어 솟아
눈가에 어리는 이슬

오늘도 하얀 꽃비 그리움 되어 내리고
마지막 흔적 찾아 말없이 떠난다.

아직도 널 보내지 못하는
검붉은 가슴 안고

06

보고픔

유월이 물망초 피우고 간 흔적 너머
애써 숨겨 둔 너의 모습 고개 내밀면
흘리고 간 웃음 찾아와
시름으로 접었던 영상들
봇물 되어 흐른다
보고 싶다
네가 너무 보고 싶다

밤을 수놓는 별들 중에
네 별 하나쯤 묶어 뒀다면
꿈속 재회 기다림 두고
온 밤 태우며 몸부림치진 않았을 텐데
계절 떠난 뒷자리
시린 내 눈빛 속에 밀려오는 그리움
어찌 해야 하나
다신 눈 맞출 수 없는
안개 속으로 사라진 네 눈동자
보고 싶다
사무치게 보고 싶다

07

지난 사랑

수미산*도 넘을 것 같던 사랑 하나 있었지
같은 곳 바라보며 한없이 같이 가고 싶었던 사랑
그 무엇의 시샘 허락지 않던 인연
갈갈이 찢긴 매몰찬 현실 앞에
애절한 사랑 마침표 찍었지

미완성 사랑은 아린 그림자 되어
그리움만 머물렀고
그리움은 강물 되어 흘러갔다

초연해진 날
바람이 전해 주던 귓속말
추억에 지쳐 산사람 되었다는 지난 사랑
오늘처럼
빗물 속에 송홧가루 갈 길 잃고 떠다니면
겨드랑 밑 빛바랜 추억 하나 꿈틀거려
빗속으로 들려오는 쓸쓸한 사랑
가슴엔 둥둥 빈 소리만 울린다

---

*수미산 : 불교의 우주관에 나오는 만년설을 머리에 이고 있는 상상의 산

08

첫사랑

기다리지 않아도 찾아와서
설레임으로 흔들어 놓는다
그리고
말없이 가 버리는 세월 속의 그림자
가을밤에 울려 오는 색소폰 소리처럼
아련히 남아 있는 여운
아직도 뛰는 가슴

박은준

창 작 노 트

어쩌다 하늘에서 쏟아지는 별들을
두근거리는 가슴으로 받습니다.
진한 참기름 냄새……

詩

01

붉은 꽃 – 암

왼쪽 겨드랑이 밑 붉은 꽃 한 송이 피어나다

고개 갸웃하며 달력 쳐다보다
손가락으로 헤아려 본다.
그 날이면 아릿한 통증으로 꿈틀대던
꿈의 알갱이들
이제 배반의 꽃으로 피어났다.

달빛조차 외면하고 깊은 밤
긴긴 어둠 속에서 녹슨 삽 하나
찾아 들고 구덩이 판다
한 삽 두 삽 퍼 올릴 때마다
툭툭 가시를 돋우는 붉은 꽃송이

시기심 많은 형제들에게 버려진
어린 요셉처럼
건건한 구덩이에 웅크려 앉아
구원자 기다린다.
이 멈출 수 없는 삶에의 집착

먼 데 희미하게

터벅터벅 낙타의 발굽 소리 들려오고
새벽이
푸르른 옷자락 끌고 찾아들고 있었다.

02

소牛

눈빛이 선한 성자 몇이 철썩
엉덩이를 맞으며 차에 오른다
무엇을 예감한 듯 두 눈을
껌벅거리다가 이내 담담해진다
이윽고 도착한 그곳
피비린내 스멀스멀 기어 나오는 곳
뒷발질하며 안간힘을 써 보지만
외마디 탄식 뿐
피에 굶주린 자들의 날선 칼
익숙하게 성자를 난도질한다
살점은 살점대로 내장은 내장대로
뼈다귀는 뼈다귀대로 해체되고
이제 성자는
형광 불빛 아래에서 모처럼의
안식을 즐기다가 뭇사람들에게 보시하리라
어느새 마음 시린 날 찾아들어
손에 발에 몸에 성자의 거죽을
덮어쓴 군상들이 거리를 활보한다.
그러나 나와 저들에겐 선한 눈빛도
다른 이를 보시할 수 있는 넉넉한
마음도 없다

어디선가 환영처럼 들려오는 구슬픈 울음 소리
음 메-

03

애도 – 故 천안함 46용사의 넋을 기리며

한 송이 흰 국화로 그대 보내네.
꽃 이파리 이파리 하나하나에
무지갯빛 영롱한 추억을 담아 보내네.

잔인했던 그 바닷속
잿빛 진한 공포 산발하고 달려들 때도
놓을 수 없던 푸르른 꿈들
검푸른 물빛 바다 물결 출렁출렁거릴 때
그대의 숨결 조금씩, 조금씩 소금기에 절여진다.

은빛 햇살처럼
눈부시던 나라애愛 바다 지키더니
비바람 불어 와도
푸른 나뭇가지 이파리로 살 부비며
살아가더니

이제는 한 송이 흰 국화로 떠나가네.
무지갯빛 영롱한 추억 가슴에 새겨 넣고
그대 떠나네.

04

어떤 외출

보라 커튼을 스르륵 걷어 올리는 하얀 손
엄지와 검지의 OK 싸인
여자가 거울 앞에 앉는다.
토닥토닥 스킨 마음결 가다듬고
사악사악 에센스로 감성 충전
톡톡 아이크림 자글자글한 세상 걱정 잠재운다.
무지갯빛 옷장 안에 걸려있는 희로애락
길고 흰 손가락 희락을 골라 입다.
짝퉁 명품 가방 어깨에 걸머메고 킬힐을 신다

문득 하늘엔 먹구름 드리우고
후드득 후드드득 쏴아
놀부의 심술보가 터졌나 보다
두 팔 엇갈려 보내는 X 싸인
여자. 얼굴을 감싸고 주저앉다.

05

첨삭

그 여자의 정원
종이나무 가지에 까만 활자들이
배시시 웃고 있다.

예리한 눈매의 정원사
가지치기를 한다.
가지라면 피할 수 없는 전정가위
한 가지 잘리었다.
또 한 가지 잘리운다.
한 가지엔 마침표가 더해진다.

여자의 심장은 선홍빛 피 쏟아내고
남아 있는 가지에 희망이 안착한다.

지금
정원의 종이나무엔 연두 잎 새들의 왈츠가
한창이다

06 첫사랑

어느 봄날
살포시 다가와서는
망울망울 봉오리 터뜨리더니
이제는 순백의 꽃으로 피어납니다.

얼굴엔 붉은 노을빛
가슴에 시도 때도 없이 울려 퍼지는
콩닥콩닥 다듬이 소리

비바람 잔설에도 아랑곳없이
종일토록 마음만 애태우다가
달뜨고 별님 까르르 웃는 밤에
그리움의 눈물로 은하수
건너갑니다.

07

팥벌레의 봄

하얀 사각 통 뚜껑을 열자
개미처럼 생긴 것들이 고물거리며
벽을 기어오른다.
겨우 내 붉은 알갱이 속에 둥지를 틀고
봄이 되니
세상을 구경하고 싶어진 것일까
작은 것들은 꼼실꼼실 큰 것들의
꽁무니 쫓아다니며
더러는 공부를 하고
더러는 싸움질을 하고
또 입술을 마주하며 사랑 놀음을
하는 것들도 있다.
그 풍경을 물끄러미 바라보다가
나무젓가락으로 통 안을 휘휘
저어 보다 쿡쿡 찍어도 본다.
단말마의 비명 소리 들려오고
선봉대의 대장처럼
벽을 타고 기어오르던 큰 것들이
문득 몸을 낮추며
작은 것들의 주위를 둘러싸고
재빠르게 바리게이트를 쌓는다.

종족보호본능에 혀를 내두르며
둥그런 접시에 꿀을 듬뿍 바른 후
통 안의 것들을 모두 쏟아 놓았다.
마지막 한 마리도 놓칠세라
탁탁 털어 본다.
큰 것 작은 것 모두 정신이 없다.
전멸이다.

08

험담

복사꽃 그늘 아래
사내 둘이 은밀한 입맞춤하고 있다
짙고 길게
크레센도*, 디크레센도**로
늙은 사내의 가슴엔
시퍼런 고등어 한 마리 퍼덕이고
입술엔 날 선 비수의 칼날 찬란하다
좀 덜 늙은 사내
불그스름한 혀 쉬지 않고 날름거리며
연신 손바닥 마주하며
맞장구친다.
수군수군 쑥덕쑥덕 쿵덕쿵덕
방아소리 요란하다
복사꽃송이 부끄러워 고개 숙이고
태양도 홍시빛이다.

* 크레센도 : 음악용어로 점점 세게라는 뜻
** 디크레센도 : 음악용어로 점점 작게라는 뜻

김주현

창 작 노 트

한 조각의 삶이 가슴에 스며
영혼의 흔적이 될 수 있기를 빈다

詩

01

돌아올 수 없는 여행

아버님 여행 떠나시던 날
산천 푸르름 눈물이 나도록 시렸다

이승과의 이별 끈 놓치지 않으려고
안간힘 쓰던 모습
내 가슴 소리 없이 무너져 내렸다

다시 못 올 그 길
마음 담아 온몸 적시고 온 날
솔잎 가지 위 초여름 비 내리고

유난히 좋아하시던 봄 꽃들
따라갔나 흔적만 남아 있다.

02

당신

하루 고단 내려놓은 평화로운 저녁
쇼파에 앉아 바라본 당신
귀밑 주름 희끗희끗한 머리 세월 훈장
시집올 적 아버님 앞에 앉아 있는 듯 꼭 닮았다.

나이 들면 시력 희미한 이유
서로의 모습 희석해 보라는
조물주의 배려인가

애물단지의 긴 세월 같이 한 당신
암닭 병아리 품듯 품어 준 당신

03

옥구슬

조각 조각 마음 흘리며 걸어온 길
그대 묵묵히 조각들 엮어 주었다.

가슴 시린 상념들
다 떨쳐 버리게
목에 걸어 주었다.

옥구슬 눈부셔
살포시 눈 감는다.

04

가을 서정

가을입니다.
해질녘 먼 산
어스름 칠보산이 내 눈에 들어옵니다.
말로 다할 수 없는
내 가슴속의 사랑에 정감들

해지는 풀섶에서 우는 풀벌레 울음 소리
내 가슴 쓸쓸함에 주저앉아 버리고

나도 가고 낙엽도 가고
이 아름다운 가을 서정을
가슴에 담아 둡니다.

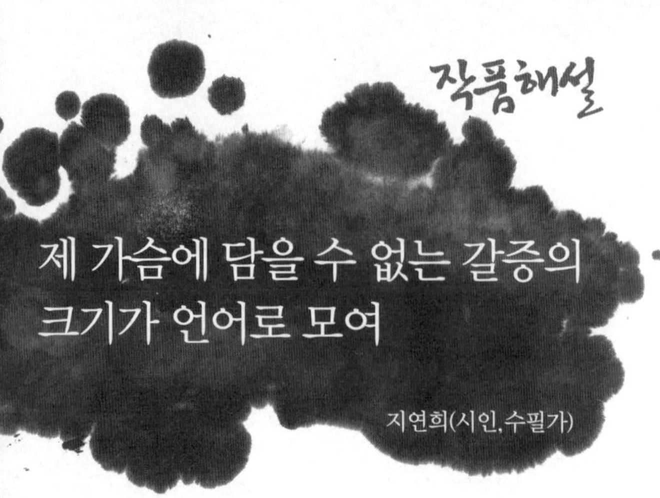

작품해설

제 가슴에 담을 수 없는 갈증의 크기가 언어로 모여

지연희(시인, 수필가)

문학은 '현실' 혹은 '상상' 이라는 작가가 바라본 대상을 열어 놓고 장르적 형식의 구조에 맞추어 시인은 시인대로 수필가는 수필가대로 자신의 영혼의 빛깔로 그려낸 그림을 독자의 개별적 감정의 잣대로 감상하는 것이다. 이처럼 문학은 쓰고자 하는 대상과 형식, 시인 혹은 수필가, 그리고 독자라는 채널을 네트웍으로 연결하지 않을 수 없다. 그만큼 문학은 쓰는 이와 절대적 수용자인 독자라는 관계의 돈독한 유대가 형성되어야 한다는 것이다. 생산자와 수용자와도 같은 작가와 독자의 만남, 이를 위하여 끊임 없이 현존하는 대한민국의 모든 문학인들은 책을 출간하고 시화전 및 시 낭송회, 소설 낭독회, 수필 낭독회를 개최하고 있다. 동남문학회 11년, 그 옹골찬 역사를 세우며 동인지 2010년의 독자들과 만나기 위해 출간 준비를 하고 있다.

동인지 11집 「달팽이의 하루」가 한 해의 결실을 담은 상징물이다. 지난 시간의 흔적은 늘 아름답다고 우리 모두는 말하고 있다. 지나간 것은 언제나 자욱한 안개 속의 실루엣처럼 아련한 아름다움이 있는 까닭이다. 2010년 시간의 파편에 묻은 보랏빛 꽃잎들이 지나간 삶의 흔적으로 모여 한 권의 책 속에 숨을 쉬게 된다. 시문학 연구와 수필문학 연구에 전념하고 있는 동남문학 문학인들의 문학 연륜이 11년에 이르고 보니 어느덧 그 가느다란 나무 기둥이 한 아름의 굵기로 자랐다. 의젓하고 늠름하여 믿음직스럽다. 일일이 손잡아 주고 매사에 걸음마 시키지 않아도 되는 성년의 모습이다. 문학인의 10년 나이는 아직 신인이라 이르고 10년 이후를 중견이라 한다. 동남문학회는 이제 중견中堅의 나이에 접어들었다. 앞으로 10년의 동남문학은 작품의 질 향상뿐 아니라 문단의 중심 역할을 해야 할 것이라 믿는다.

> 난 싫소
>
> 내려쬐는 태양빛에 내 잎이 다소 마를지라도
> 몰아치는 바람에 내 가지가 조금 꺾일지라도
> 쏟아지는 폭우에 뿌리가 드러나는 아픔을 겪을지라도
> 하이얀 폭설에 무너져 내 모든 것이 사그라질지라도
>
> 난 내 뜻에 부딪치며 살고 싶소
> 다만 당신 화원 바로 옆에 자리 잡고 싶소
> 들꽃인 채로
> 가끔 따스한 당신의 눈길만 있다면
> 더 이상 난 바랄 것이 없겠소
>
> – 최지은의 시 「들꽃」 중에서

이별의 음해가 지천인 뇌 구조 속에서도
무의식적으로 운명을 당겨
사랑만을 위해
사랑을 하는 통속적인 의식
두려움 없이
위태로움이 없이
소유한 모두를 버리고
그대를 택하는 용기만은 가상한
익숙하지 않은 사랑

재앙 같은 사랑이 될지라도
선택에 의무를 부여하는

혼자 하는 사랑

– 전영구의 시 「사랑, 이데아」 중에서

푸른 바다를 휘젓고 다니다
간혹 하늘이 얼마나 높은지
튀어 올라도 보던 명태
눈은 햇볕에 찔리어 앞은 캄캄하고
정신은 망각의 그물에 걸려 허우적 허우적
단지 오늘 호흡이 있다는 건 아직 현세에 있다는 증거

침상에 몸이 메여 꼼짝 못하고
코에 낀 호스와 팔에 꽂은 물병으로 연명하며
덕장인부가 해주는 대로

2시간은 옆으로 2시간은 반듯하게
서서히 말라가는 명태가 되어
바다의 꿈 접어 두고
꽃상여 기다리는 덕장

– 서선아의 시 「덕장 – 요양병원 중환자실에서」 전문

누군가 먹은 자장면 그릇
그 흔한 신문지로
얼굴도 가리지 않아
새까맣게 탄 내장이
봄비를 맞았다
둘러보아도 아무도 보이지 않는데
누군가 갈증나는 사람
봄비가 그리웠나 보다

– 황문식의 시 「봄비가 그리웠나 보다」 중에서

최지은 시의 언어는 거침없는 단호한 힘을 느끼게 한다. '난 싫소'라고 하며 뒤도 돌아보지 않는 듯한 각오의 강력한 어투가 시의 메시지를 분명하게 하고 있다. 동남문학 1기 회장을 역임한, 그야말로 동남문학의 최고참 선배인 최시인은 시집「이쯤에서」를 통하여 시인의 역량을 보여 주었는데 후속 작품집 생산의 속도가 늦은 편이어서 안타깝다. 다방면에 재능을 보이고 있어 요즘은 색소폰 연주자로의 기량을 닦고 있어 시인의 새로운 모습에 기대를 모으게 한다. '난 내 뜰에 부딪치며 살고 싶소/다만 당신 화원 바로 옆에 자리 잡고 싶소/

들꽃인 채로/가끔 따스한 당신의 눈길만 있다면/더 이상 바랄 것이 없겠소(시 「들꽃」일부)' 당신의 따듯한 눈길만으로 더 이상 바랄 것이 없을 만큼 당신의 화원 바로 옆의 안위 이상의 욕심 부리지 않겠다는 시「들꽃」은 편안한 사랑, 지닌 것만큼의 사랑을 당신과 나의 관계로 안온하게 설정하고 있다.

전영구의 시 「사랑, 이데아」는 사랑이라는 감미로운 아름다움과 그리움의 아픔, 괴로움을 동반한 근원적 모순의 사랑을 짚고 있다. 어떤 재앙 같은 사랑이 될지라도 자신이 선택한 사랑에 의무를 부여한다는 사랑이다. 그렇게 아름답고 슬픈 사랑의 이중성이 사랑이라는 이름의 근원성임을 이 시는 들려 준다. 결국 '혼자 하는 사랑' 으로 귀결되는 사랑의 아픔이 이 시의 메시지로 남는다. 금년이면 동남문학 10년차인 전시인은 세 권의 시집을 출간하여 열심히 쓰는 시인의 면모를 보여 주고 있다. 그만큼 한국시단의 명맥을 잇는 시인의 자리를 확고히 하리라는 믿음을 갖게 하고 있다. '이별의 음해가 지천인 뇌 구조 속에서도/무의식적으로 운명을 당겨/사랑만을 위해/사랑을 하는 통속적인 의식/두려움 없이/위태로움이 없이/소유한 모두를 버리고/그대를 택하는 용기만은 가상한/익숙하지 않은 사랑//재앙 같은 사랑이 될지라도/선택에 의무를 부여하는//혼자 하는 사랑(시 「사랑, 이데아」일부)'

서선아의 시 「덕장」의 배경은 요양병원 중환자실이다. 요양병원 침상에 누워 있는, 명태로 대리된 한 인물의 현재를 짚고 있다. '푸른 바다를 휘젓고 다니다/간혹 하늘이 얼마나 높은지/튀어 올라도 보던 명태' 는 젊음의 원기 왕성하던 시절 무엇이든지 다 이룰 것처럼 의욕에 넘치던 그녀의 과거를 말한다. '눈은 햇볕에 찔리어 앞은 캄캄하고/정신은 망각의 그물에 걸려 허우적 허우적/단지 오늘 호흡이 있다는 건 아직 현세에 있다는 증거' 일 뿐이라는 덕장의 명태는 살아 호흡은 하고 있으나 죽은 생명과 다름이 없다. 보이지 않는 눈과 혼미한 정신으로 허우적거리며 현세에 발만 디뎠을 뿐인 명태의 참담한 현존을 그렸다. 침상에 매여 코에 낀 호스(산소호흡기)와 팔에 낀 물병(영양제)으로 살아내는 인불은 넉상인부(간병인)의 손에 의해 2시간은 옆으로 2시간은 반듯하게 서서히 말라가고 있다. '바다의 꿈 접어 두고/꽂상여 기다리는 덕장' 의 명태인 것이다. 죽음을 앞에 둔 요양병원의 환자는 명태로, 요양 병원은 덕장으로 묘사된 이 시는 죽음에 이르는 생명의 흐름을 극명하게 반영시킨 성공한 작품이다.

황문식의 시 「봄비가 그리웠나 보다」는 손바닥 만하다 할 만큼 작은 공원의 자장면 빈 그릇에 내리는 비를 그리고 있다. 시의 메시지는 '봄비가 그리웠나 보다' 라고 읽게 되는데 봄비를 그리워한 내상이 누구인가라는 관심에 집중하게 한다. '촉촉이 젖은 길가/누군가 먹은 자장면 그릇/그 흔한 신문지로/얼굴도 가리지 않아/새까맣게 탄 내장이/봄비를 맞았다' 봄비가 자장면 그릇 안에 내려 고이는 이 언어의 그림은 새까맣게 탄 자장면 그릇의 내장이 봄비를 맞고 있는 것이다. 실제 비를 가슴에 담은 대상은 그릇이다. 봄비를 맞고 있는 대상은 그릇이지만 화자는 누군가를 찾는다. 주변을 돌아보며 누군가 봄비가 그리워 자장면 그릇의 공간을 빌려 비를 맞고 있다 한다. 제 가슴에 담을 수 없는 갈증의 크기를 그릇에 담아내는 이 시는 어느 특정한 인물의 갈증이면서 보편적 인물들이 지닌 갈증의 크기로 존재되어 공감대를 넓히는 시이다.

보내고 싶지 않은 이 해에 저항하듯, 스러져가는 국화에 물을 갈아 주었지만 이제는 꽃을 버려야 겠다. 그때 난 분명히 쓰레기통 안의 부피를 줄이려고 그 어여뻤던 꽃의 몸뚱이를 마구 꺾어 쑤셔 넣을 것이다. 안쓰러움을 느끼며. 하지만 그 꽃은 침례식의 선물로 우리 가족에겐 큰 기쁨과 성스러운 의식으로 존재하다 소멸한 의미로 남는다. 되풀이되는 나이 고개도 결국 저 꽃처럼 나를 스러지게 할 것이다. 이런 생멸로 '한계존재' 라는 긴장된 의식은 두렵지만 삶을 더 충실하게 하는 힘이 되기도 한다. 뿐만 아니라 숫자로 먹는 객관적 나이도 있지만 '마음은 청춘' 이라는 주관적 나이도 있지 않은가. 작은딸의 새로운 삶을 시작하는 침례식처럼 세월의 고개를 넘을 때마다 새로운 삶의 의식으로 생각하고 '마음은 청춘' 이라고 웃으며 오늘 하루를, 올 한 해를 보내 버리는 것이다.

– 조민서의 수필 「어떤 반항」 중에서

가슴과 가슴을 맞대는 포옹은 우리 영혼을 살게 한다. 어떤 어려움에서도 손잡아 일으켜 세우는 위로다. 내딛는 발걸음에 힘이 되고 그 몸짓에 삶의 가치를 부여한다. 포옹은 생명이고 사랑이고 자유다. 죽음조차도 갈라놓을 수 없는 믿음이다. 누가 뭐래도 자신의 중요성을 알게 하고 존재의 의미를 일깨우는 가르침이다. 삶이 고달프지만은 않다는 용기를 주는 포옹은 누구나 누려야 할 행복이 아닐까. 부모가 자식을 자식이 부모를 안아 주고 부부가, 형제가 가슴을 맞댈 때 가정과 사회는 평화로울 것이다. 평화의 기운이 감돌아 반짝이는 희망으로 가득 찰 때 세상은 사랑의 향기로 가득하리라. 우리의 삶은 꽃 한 송이 아름답게 피워내는 일이다.

– 김태실의 수필 「가슴과 가슴으로」 중에서

산이 있으면 기슭이 있고 기슭은 기기묘묘한 도랑을 만든다. 실핏줄 같은 도랑이 하나로 만나서 개울물이 흐른다. 좋은 샘물은 좋은 숲에서 솟는 법. 여간해서는 물 마르지 않는 내 고향 개천은 힘껏 솟아오른 높은 산 덕분이다. 개울이 모이면 시냇물을 이룬다. 시냇물은 모래톱도 있고 풍성한 몸으로 넉넉하게 흐르다가 강이 되고 강물은 바다로 간다. 위계질서가 사람 사는 세상 같다. 내가 못 잊는 개울물은 넓은 시냇물이 아니고, 움푹 파인 검은 몸을 산 그림자가 숨겨주는 굽은 개울이다. 개울은 둑 위에 길을 만들고 동네를 감아 돌아 마을의 내력을 품고 있다.

– 곽영호의 수필 「개울에서 놀다 왔다」 중에서

조민서의 수필 「어떤 반항」은 탄생과 죽음을 이해하는 고정관념에 대한 반항이다. 결국 언어를 달리 놓았을 뿐 본질에 대한 변화를 바꿔 놓을 수 없는 생각 잡기이다. '인간은 출생하는 동시에 죽어간다.' 라는 표현보다 '출생은 죽음과 함께 태어난다.' 라는 동일한 의미의 서술적 반항이다. 결국 생각 나름인 것이지만 설득력이 있다. '살이 베인 사실보다 칼이 살을 베는 상상이 더 끔찍한 것' 과 같은 삶의 모든 가치는 어떻게 생각하는가에 따라 그 의미를 수용할 수 있다는 것이다.

'이 곳은 마지막 화장실입니다.' 중학생인 작은딸이 통일전망대 가는 길의 마지막 화장실이라는 존재의미가 그어진 표지글을 보는 순간 절망과 무서움을 느끼게 되지만 구경을 마치고 내려오는 길에 다시 본 그 두렵던 글귀의 화장실은 아이러니하게도 집으로 가는 첫 번째 화장실이 되어 기분이 묘했다는 것이다. 이 수필은 삶이란 어떤 상황에 처해 있어도 그 상황을 어떻게 바라보아야 하는가를 생각하게 하고 있다.

김태실의 수필「가슴과 가슴으로」는 사람과 사람이 서로 포옹하여 느끼는 따뜻한 사랑을 전하고 있다. 가슴과 가슴이 맞닿아 느끼는 평화이며 무엇으로도 재단할 수 없는 행복을 수필은 말하고 있다. 이 수필의 읽을거리는 단락이 지닌 소재의 다양성이다. 조산으로 태어난 쌍둥이 자매가 인큐베이터에서 생장을 잇고 있는데 한 아기는 건강하고 한 아기는 병약하다. 그러나 이들 자매는 하루 이틀이 지나자 누가 시키지 않아도 건강한 아기가 건강치못한 아기를 품에 안아 줌으로 하여 병약한 아기가 건강을 찾게 된다. 가슴과 가슴으로 느끼는 따뜻한 사랑 때문이다. 또한 퇴직한 남편이 실의에 빠져 있을 때 말없이 남편을 안아 주는 포옹의 의미가 가슴 뭉클하게 한다. 그리고 세 번째의 이야기는 이탈리아 북부 만토바에서 얼굴을 마주한 채 포옹한 남녀의 유골이야기이다. 가슴과 가슴을 맞대고 포옹한 채 얽혀있는 젊은 한 쌍의 유골을 다뤘다. 이외 두 단락의 내용이 더 이 수필을 감싸고 있는데 소재의 다양성이 어떻게 효율적으로 주제를 끌고 가는가 하는 예의 수필을 감상할 수 있었다.

곽영호의 수필「개울에서 놀다 왔다」개울물의 청정한 심성을 짚고 있다. 치울 것은 치우고 닦을 것은 닦아 깨끗한 개울을 만드는데 어디서나 무슨 일에서나 눈 돌리지 않는 부모의 사랑 같다고 한다. 또한 개울물이 지닌 평화와 맑은 이야기를 담고 있는데 넘치는 사랑으로 끊임없이 흐르는 어버이의 사랑을 닮고 싶어 하는 화자의 다짐을 보여 준다. 가재와 송사리, 꽃과 나비, 물안개와 가느다란 물소리의 주인인 개울물의 예찬인 이 수필은 도심 속에 살아 잊고 사는 메마른 시성에 아름다운 정서를 깨워 내고 있는 수필이다. 수필문학은 어떤 장르의 문학보다 작가의 정서가 뚜렷이 드러나는 장르이다. 언제 읽어도 먹음직한 과일처럼 달고 맛깔스런 곽영호 수필의 진수를 보여 주었다. '갈대꽃 한 줄기 길게 꺾어 길라삽이를 시킨다. 졸졸 흐르는 맑은 개울물에서 지난 날 나의 물그림자를 찾는다. 내 발자국으로 반들반들 길들어진 징검다리도 건너 뛰어 본다.'

생각만 해도 행복바이러스가 피는 꽃
그 꽃들로 인해 눈물 웃음 행복을 맛보네.
어제는 좀 짭짭했고
오늘은 좀 심심하고
나에게 딱 맞는 맛은 아니지만
전혀 상관없다네.
그저 옆에 있어 피는 것만이라도
향기롭고 행복이네

– 김영숙의 시「소금꽃」중에서

눈 내리는 겨울밤 역 출구에서
두 시간을 기다려 본 사람은 기다림이
설원에 피어나는 얼음새 꽃임을 안다

막차란 역내 방송이 겨울밤을 가르면
기다림은 불 꺼진 화로에 묻혀 있는
한 덩이 남겨진 불씨라는 것을 안다

막차가 다 지나가고 나면 기다림은
불꽃놀이가 끝나 버린 별 하나 없이
텅 빈 하늘임을 안다

– 이규봉의 시 「기다림」 중에서

가마 탄 여인처럼
수줍게 웃고 있다.

당당히 꽃대 세우던
여러 날들
찬란한 꿈을 안고 오더니
하루 피고 흔적도 없이
몸을 숨긴다.

하룻밤 사랑을 위해
피었다 지는
붓꽃의 사랑

– 권명곡의 시 「붓꽃의 사랑」 중에서

자괴감에 서성대는 그들
영산홍 꽃밭 위로 초대하여
말을 건넨다
꿈을 건넨다
간간히 날카로운 갈빗살로 손끝 찔러대지만
배배꼬인 검은 내장 다 비워내자
다소곳이 순응하는 멸치 멸치들
구수한 환생이다

– 전옥수의 시 「멸치」 중에서

김영숙의 시 「소금꽃」은 삶의 그늘에 없어서는 안 되는 소금의 가치를 짚어 내고 있다. 하얀 결정체의 꽃으로 피어난 무채색의 천연광물질인 소금은 음식의 부패를 막는 식품으로 없어서는 안 될 물질이다. 또한 어떤 일에서나 꼭 필요한 존재의 사람을 말할 때도 소금의 의미를 결부시킨다.' 바람 햇살 땀으로 피워낸 꽃/생명의 보석이라 불리는 꽃이라 하네.' 바람과 햇살이라는 자연의 배려와 땀(노력)으로 피워낸 생명의 보석(귀중한 가치)이라 할 만큼 소금은 중요한 대상임을 이 시는 말하고 있다. '어제는 좀 짭짭했고/오늘은 좀 심심하구/나에게 딱 맞는 맛은 아니지만/전혀 상관없다네./그저 옆에 있어 피는 것만이라도/향기롭고 행복이네' 아마도 소금과 같은 없어서는 안 되는 곁에 있는 사람을 지칭하는 듯싶은 이 시의 메시지는 늘 곁에 있어 향기롭고 행복한 사람에 대한 고마움이다. 인물이 물질화되어 그 가치를 세우는 시이다.

이규봉의 시 「기다림」을 읽는다. 설원에 피어나는 얼음새 꽃으로 기다림이라는 관념의 빛깔이 꽃으로 육화되는 차디찬 슬픔의 사랑을 읽게 한다. '눈 내리는 겨울밤 역 출구에서/두 시간을 기다려 본 사람은 기다림이/설원에 피어나는 얼음새 꽃임을 안다' 기다림이 한 송이 눈 속에서 피워낸 꽃이라면 포기하지 못한 마음 한 가닥의 흔적과 같다. '불 꺼진 화로에 묻혀 있는/한 덩이 남겨진 불씨' 가 될 것이다. 막차가 지나도록 오지 않는 사람이 전하는 공허이며 쓸쓸함이다. 꽁꽁 얼어붙은 설원에서 고개를 쳐든 '얼음새 꽃' 일 수밖에 없는 아픈 사랑을 감각하게 되는 이 시는 차디찬 얼음새 꽃으로 대리된 기다림의 크기를 본다. '막차가 다 지나가고 나면 기다림은/불꽃놀이가 끝나 버린 별 하나 없이/텅 빈 하늘임을 안다' 는 가슴 텅 빈 공허 속에서도 '다시는 기다리지 않겠다고/오늘밤 다짐을 하고 내일이면/또 기다려지는 신기루 같은 것' 의 사랑을 그리고 있다.

권명곡의 시 「붓꽃의 사랑」은 하룻밤 피었다가 흔적 없이 지는 단명한 사랑의 아쉬움이다. 발코니가 소란스럽게 보랏빛 꽃망울을 머금은 채 수줍은 새색시의 모습으로 가마에 탄 여인처럼 웃고 있더니 하룻밤 사이 피고 져 버린 안타까움이 손끝에 묻어난다. 기억 저 편 가마 타고 시집가던 동네 순이 언니의 짧은 삶이 연상되는 이 시는 발코니에서 여러 날 당당하게 꽃대를 세우던 붓꽃의 시듦이다. 시인의 세심한 관찰이 가마 타고 시집가던 여인의 아름다움을 상상하게 하고 있다.

'당당히 꽃대 세우던/여러 날들/찬란한 꿈을 안고 오더니/하루 피고 흔적도 없이/몸을 숨긴다.//하룻밤 사랑을 위해/피었다 지는/붓꽃의 사랑' 으로 성립된다. 시에 있는 상상이란 의미의 새로운 탄생을 말한다. '공상은 기억 속 저 편의 시간과 공간 질서의 세계로부터 해방되어진 '기억' 의 한 양식에 지나지 않는다고 한다. 반면 상상은 고정된 기억의 세계를 이상화시키는, 늘 깨어 있는 생명력을 지닌다. 붓꽃이 기억 속 가마탄 여인의 아름다움으로 살아날 수 있는 것이다.

전옥수의 시 「멸치」는 존재의 효용성을 말한다. 결국 제 몸이 희생되어 무엇(구수한 국물)이 되는 과정의 아픔을 세밀하게 그리고 있다. 산홋빛 꿈 바다 속이 하얘지도록 질주하며 살던 멸치가 어느 날 촘촘한 어망에 갇히게 되고 한 마리 마른 멸치로 존재하게 된다. '견딜 수 없는 화기/시달리고 말려지는 수차례의 고문/부서질 듯 마르고 틀어진 육신/내장 속에 가득 찬 새까만 분노는/끓어오를수록 더 강한 쓴맛으로/응고되어 갔다' 는 견딜 수 없는 뜨거운 열기 속에서 고문처럼 시달리고 말려지는 하여 부서질 듯 틀어진 육신이 안고 있는 내장 속의 분노는 끓어오를수록 강한 쓴맛으로 응고되어졌다. 바다 속 생기 넘쳐 오르던 한 마리의 멸치가 운명처럼 감당하게 된 '마른 멸치' 로의 부활이 이 시의 생명력이다. 구수한 국물을 우려내는 존재의 육탈이 '구수함' 이라는 배품을 남기게 되는 것이다. 어부의 어망 속에서의 고통과 육신의 응고 그리고 생명의 부활처럼 남긴 '맛' 은 세상에 던져진 사랑이지 싶다.

남편이 아닌 다른 이들에게도 우린 모두 인생의 거래처라는 생각을 해본다. 상호 도움이 될 수도 있고 신용을 잃어 수주를 중단한 거래처도 있다. 안타깝지만 신용등급에서 낮은 점수를 주어 아무리 입맛 당기는 조건을 내세워도 적선이 아닌 이상 거래하진 않을 것이다. 그렇다고 꼭 나의 관점으로만 볼 수는 없다. 나도 누군가에게 거래 중단 통보를 받을 수 있다. 최소한 인생의 상도는 지키고 살자. 벽 인줄 알았는데 미니까 문이었다는 말처럼 오해와 이해는 그리 멀지 않은 곳에 있건만 사라져버린 거래는 어차피 맞을 소나기였던가 싶다. 자존심을 깃발처럼 곧추세웠던 젊음이 뒷자리로 물러나 나직하게 한 마디 건넨다. 원활한 재 거래를 위해 우선 오늘 당장 칫솔에 치약부터 묻혀놓으라고.

– 이경선의 수필 「거래처」 중에서

무슨 소리일까, 잠결이라 잘못 들은 걸까, 아니다. 분명 무슨 소리가 들린다. 아직 어둠이 깔린 새벽이다. 살그머니 일어나 창가에 귀 기울여 본다. 연인들의 소곤거림 같다. 봄비 오시는 소리다. 온다는 소식도 없이 이른 새벽에 조심스레 찾아온 반가운 손님이다. 오랜 친구가 소식도 없이 찾아온 것처럼 반갑다. 봄 가뭄 끝에 내리는 봄비는 얼마나 반가운가, 단비라고 말하지 않던가. 봄비는 한번 내릴 때마다 기온이 따뜻해진다. 세상에 생명이 있는 모든 것들은 봄비를 반갑게 맞이한다. 실눈을 뜨고 있던 새 움들은 수런수런 얘기를 나누며 기지개를 펼 것이다. 내겐 봄비 같은 친구가 있다.

– 박남례의 수필 「봄비」 중에서

세상 모두가 풍경화라면 나의 여행은 내 가슴으로 그리는 수채화다. 사람과의 관계와 하루에도 수없이 많은 생각이 겹치는 일상, 그런 익숙함에서 벗어나 나만의 시간과 공간을 느낄 때, 눈에 들어오는 순간들 어느 하나라도 아름답고 소중하지 않은 것은 없다. 하찮은 냄새나 소음에서부터 먼지를 뒤집어 쓴 잡초일지라도 마음속에 그려 놓고 즐기는 기쁨은 여행을 하면서 시작된 것이다. 여행길에 들어서면 어느새 마음은 너그러워지고 부자가 된 느낌이 든다. 나는 부자가 되기 위해서라도 길을 떠날 것이다. 건강이 허락하고 주머니가 채워지길 바랄 뿐이다. 바람이 나를 또 부추긴다.

– 유채연의 수필 「가슴으로 그리는 수채화」 중에서

이경선의 수필 「거래처」를 감상했다. 이경선의 수필은 번뜩이는 예지를 발견하게 된다. 지혜로운 사람의 입담처럼 문장의 흐름에서 재미를 느끼게 한다. 남편이「거래처」가 되고 원활한 거래처를 형성하기 위하여 노력해야 한다 암시하는 이 수필은 너와 나의 모든 관계의 지혜로운 소통의 의미를 찾고 있다. '핸드폰에 남편의 명칭을 '거래처' 로 저장해 놓은 사람이 있다. 보통 '남편' 이나 '아빠' 등으로 입력해 놓는데 그분은 특이한 대명사로 저장해 놓아 듣는 순간 폭소가 터졌다. 사업장으로 보면 거래처만큼 소중한 곳은 없다. 회사의 흥과 패를 좌우하는 중요한 곳이고 쉽게 말해 밥줄이다. 혹 불쾌한 일이 있어도 한결같은 표정과 음성으로 접대를 해야 하며 정중히 모셔야 한다.' 많은 부분 일상 속 삶의 조각들을 글의 소재와 주제를 설정하게 되는 수필은 같은 주제를 지니고 있다 해도 어떤 소재로 말하는가에 따라 독자의 감상의 농도가 달라진다.

박남례의 수필 「봄비」는 자연의 아름다움에 스며들게 한다.

서정의 빛 짙은 박남례 수필 감성의 빛깔을 읽게 한다. 나이를 거론하기 무색할 만큼 순수의 원형을 감각해 내게 하는 작가의 본성대로 수필「봄비」는 모든 생명의 힘을 일구어 내는 봄비와 같은 친구와의 우정을 봄을 배경으로 구조해 내고 있다. '비 중에 비 봄비 내리는 걸 무척 좋아한다. 특히 봄에 안개비라도 내리는 날엔 마음은 어린 시절 고향으로 가 있다. 결코 즐거웠다고 말할 수 없는 어린 시절이 왜 그리워지는 것인지 모를 일이다. 봄비가 촉촉이 내리고 나면 뒬 안 화단엔 살며시 땅을 뚫고 맑고 샛노란 싹이 돋아났다. 란蘭이었다. 가만히 들여다보고 있으면 흙이 움직이는 것 같이 보였다.'는 것이다. 안개 자욱한 날의 봄비가 주는 신비함까지 묘사하고 있는 이 수필은 박남례 수필의 창작 공간이랄 수 있는 자연의 순수가 손끝에 묻어나고 있다.

유채연의 수필「가슴으로 그리는 수채화」는 여행을 하며 느낀 자연의 아름다움과 의미들을 가슴으로 그리는 수채화이다. 여행의 백미는 일상으로부터의 자유와 감성이 극도로 순수해지는데 있다. 인간의 본향인 자연으로의 회귀에 몸 담구고 나를 돌아보게 하는 그리하여 세상사에 가려진 나를 찾는 의미일 것이다. 때문에 자연이 지닌 아름다움이 거울처럼 비춰나고 그 속에 젖지 않을 수 없다. 유채연의 수필「가슴으로 그리는 수채화」는 그만큼 가슴으로 채색된 순연한 자연의 빛깔이 스며난다. 주제를 명료하게 다루어 적절한 소재로 푸는 지성과 감성의 조화가 돋보이는 유채연 수필의 내일을 본다.

'사진이나 찍고 가자는 일행의 말에 가까이에서 본 유채꽃, 고개를 흔드는 것이 마치 '서두르지 마라 때가 되면 만개 할 것이다' 라고 나를 타이르는 것처럼 보였다. 그렇게 보인 것은 사는 동안 어떤 순간도 소홀히 할 것은 없으며 놓쳐서도 안 된다는 생각으로, 여행길에 너그러워진 마음의 눈 때문이리라. 발길을 돌리자 멀리 선 붉은 태양이 숨을 곳을 찾고 있었다.' 해 저물녘의 풍경과 사유가 한 눈에 들어온다.

지붕 위에서 뜨거운 여름 햇볕에 잘 영글은 박은 톱으로 타서 속을 빼낸 뒤 삶아서 바가지로 쓴다. 어머니 아버지나 머슴들이 탄 박은 힘이 좋아 쪽 고르게 타지는데 세 살 위인 오빠와 내가 한 팀이 되어 탄 박은 울퉁불퉁 짝짝이로 타진다.쪽 고른 바가지는 물바가지로 사용되고 우리가 탄 찌그러진 바가지는 거름 퍼내는 데 사용됐다. 조롱 바가지는 잘 말린 다음 끝을 송곳으로 뚫어 노끈으로 엮어 놓는다. 부엌 처마 끝에 매달아 두었다가 간장독에서 간장 퍼 올 때 쓰고 한겨울에 큰독으로 담았던 동치미 국물 뜨는 데 썼다. 살얼음이 살짝 얼어 있던 동치미 독 속에는 항상 조롱 바가지가 있었던 기억이 난다. 마당가에 있는 펌프 옆에는 귀가 나간 오지 그릇이 있었다. 그릇 속에는 마중물로 쓰려고 항상 물이 담겨 있고 약간 금이 간 바가지가 떠 있었다.

– 이선숙의 수필 「바가지」 중에서

길은 삶의 흔적이다. 살아온 길을 더듬어 돌아보면서 지친 마음 내려놓는 일이 가끔씩 이렇게 찾아와 주면 좋겠다. 길은 언제나 열려 있고 지나온 길이 있었지만 나는 또 다른 길을 걸어가야 한다. 두부 집 탱자나무 울타리에서 본 그 나른한 고요와 함께 쉬엄쉬엄

쉬어 가면서 남아 있는 나의 길을 걸어갈 것이다. 어디서부터 시작해 어디에서 끝나게 될지 모르지만 살면서 골목길 그 우물물처럼 가끔 이렇게 내 기억의 길을 돌아보며 헝클어진 마음 씻어 보리라 맘먹는다. 봄볕 속에 깨어나는 꽃봉오리처럼, 바람에 흔들리며 노랗게 웃고 있는 애기똥풀처럼 내 삶의 길도 이렇게 촉촉하고 말랑거렸으면 좋겠다.

– 박경옥의 수필 「우물이 있는 골목」 중에서

주운 돈은 그날로 소비해야 한다는 속설이 있지만 나는 그 돈을 그 날 쓰지 못하고 다음 날 새벽미사에 헌금으로 넣었다. 이렇게 그 돈은 내 손에서 벗어났고 나는 주운 돈의 굴레에서 벗어났다. 얼마나 홀가분했던지, 그것으로 인해 내려앉은 가슴의 무게가 날개를 달고 푸른 하늘을 향해 날아가는 느낌이다. 그래서 내 것이 아니면 지니지도 말고 쳐다보지도 말고 욕심도 내지 말라 했나보다. 편안한 마음은 욕심이 없어야 된다. 돈을 주었을 때의 설렘 보다 그 돈의 굴레에서 벗어난 자유스러운 시간이 맺혔던 가슴을 풀어주었고 걱정이라는 테두리에서 잠시나마 헤맸던 어리석음을 안 것 같다.

– 공석남의 수필 「주운 돈에 대하여」 중에서

이선숙의 수필「바가지」는 어린 시절 시골집 지붕을 장식했던 박과 그 박에 깃든 추억의 편린을 회상하며 아직도 바가지를 살림의 도구로 사용하고 있는 큰 언니의 바가지 사랑이다. 가장 한국적 풍미가 느껴지는 박은 '흥부전' 이라는 고전을 탄생하게 하고 그 생김만으로도 정겨움을 느끼지 않을 수 없는 대상이다. 기억 속 초가지붕 위에 피어난 하얀 박꽃의 정서를 재생시키고 있는 이선숙의 수필 바가지는 큰언니(조롱박)–어머니(박씨심기)-어머니 아버지(박타기)-머슴(박타기)-오빠와 나(박타기)로 잇는 박과 연관된 이야기를 짚고 있다. '새삼 조롱바가지가 정겹다. 어릴 때 어머니는 봄이 되면 헛간 옆이나 돼지 집 옆에 박씨를 심으셨다. 싹이 나서 자라면 옆에 구덩이를 파고 돼지 오줌을 퍼서 주곤 했다. 덩굴이 뻗어 올라갈 때쯤 소나무 작대기로 버팀목을 해 주면 지붕을 타고 올라가 여기저기 박꽃이 피고 박이 열리기 시작한다. 저녁을 먹고 마당으로 나가 보면 달빛을 받은 박꽃들이 엄지 만한 박을 매달고 벙싯거린다.' 눈에 훤히 스며 오는 박꽃의 순수를 세심하게 그려내고 있다.

박경옥의 수필 「우물이 있는 골목」은 아무 계획 없이 집을 나선 발걸음이 어린 시절 외갓집 가는 길과 외할머니를 연상하게 한다. '문득 보도블록이 아닌 흙길, 밭둑에서 노랗게 웃고 있는 애기똥풀 같은 시골길이 보고 싶었다.'는 화자는 집에서 10분 거리의 전원에 나아가 봄날의 아련한 추억에 젖는다. 외할머니 집 가는 길에 서있는 느티나무며 느티나무 아래 평상에 앉아 있는 마을사람들- 그리고 골목길의 우물을 그리고 있다. '담 옆으로 공동우물이 있었는데 나도 곧잘 물을 길어 오기도 하고 이 우물에서 두레박으로 물을 퍼 올리고 싶어 아직 깨끗한 옷을 빨러 나오곤 했다. 널찍한 돌 위에 젖은 빨래를 놓고 방망이로 탁탁 두드리는 소리는 매미소리 만큼이나 시원했다.' 이 우물을 지나 외할머니 집 뒤란에 이르게 되는데 뒤란에 피어 있던 토란잎과 보라색 난초, 장독대 옆 돌

틈사이로 봉숭아꽃이 빨갛게 흔들리던 여름 한 낮, 골목길을 바라보며 툇마루에 걸터앉아 먹던 찐 옥수수맛을 연상하고 있다. 이 수필의 메시지는 길이다. 골목길을 지나 외갓집에 이르는 과정의 길 위에 놓여진 흔적잡기이다.

공석남의 수필 「주운 돈에 대하여」를 감상하면 어느 날 등산길에서 주운 돈 오 만원을 쥐고 어떻게 써야 할지 안절부절하는 모습이다. 남의 돈을 주워 들고 잃어버린 사람이 겪고 있을 속상함까지 생각하고 있는 화자는 결국 성당 미사를 보며 헌금함에 넣고 만다. 다만 돈을 주운 순간에 느꼈던 물욕은 성자가 아니고는 물리칠 수 없는 유혹이라는 것을 이 수필은 솔직하게 토로하고 있다. 결국 주운 돈의 굴레에서 벗어난 홀가분함을 말하고 있는데 사람으로의 근원적 욕심을 솔직하게 그려내고 있다.' 그래서 내 것이 아니면 지니지도 말고 쳐다보지도 말고 욕심도 내지 말라 했나 보다. 편안한 마음은 욕심이 없어야 된다. 돈을 주웠을 때의 설렘 보다 그 돈의 굴레에서 벗어난 자유스러운 시간이 맺혔던 가슴을 풀어 주었고 걱정이라는 테두리에서 잠시나마 헤맸던 어리석음을 안 것 같다.' 라고 한다. 누구나 돈을 잃어버려도 보고 주운 적도 있을 것이다. 이 수필은 남의 돈을 주운 불안한 심리를 세심하게 그렸다.

분수가 물을 뿜어내듯
타오르는 불꽃
너를 가슴에 안고 살아온

긴 여정

지나간 긴 그림자는
차오르는 달빛에
하얗게 물러가고
새벽 창가에
소망의 길은
돋을볕으로 붉게 피어오른다.

– 허정예의 시 「길」 중에서

양지바른 선창가
어부들의 놀이터다
그들이 들려 주는 요리는
살아있는 사전
그것을 펼쳐 들고
공부하는 방랑 식객

바지락을 캐는 할머니들
그녀들의 바지락을 사서
바지락 코스요리를 되 바친다
지혜를 배우는 수업료다

– 김경미의 시 「독을 깨는 요리사 – 자연요리사 임지호」 중에서

황금빛 햇살이 감싸는 오후
한 아이가 너른 들판에서 맴을 돈다
주머니에 든 비눗방울 호리병
듬뿍 찍어서 훅– 하고 부니

금세 폭– 하고 터진다

다시 조심스레 비눗물 찍어
살살 불어 본다
비눗방울은 작은 채에 대롱대롱 매달려
점점 부풀어진다

무지갯빛 영롱하고 투명한 것이
하늘 향해 두둥실
비눗방울 너머의 세상도 아른아른하다

– 박경주의 시 「비눗방울 놀이」 중에서

허정예의 시 「길」이다. 이 시의 메시지는 삶의 길에서 새로운 길을 여는 의지와 그 실천의 날갯짓을 말한다. '흘러간 시간 속에/영혼 깊숙이 그리던/내 안에 한 줄기 파아란 길'로 시작하는 지난 세월 속에서 간절히 소망하던 꿈 하나를 세우고 있다. 그것은 한 송이 꽃이라 하고 결국 배움의 날갯짓이라는 것이며 이를 기쁨으로 맞이하고 있다. 눈동자가 빛나는 환희이다.' 지나간 긴 그림자는/차오르는 달빛에/하얗게 물러가고/새벽 창가에/소망의 길은/돋을볕으로 붉게 피어오른다.' 날개를 펴지 못하던 새가 시름에 젖어 절망하더니 차오르는 달빛과 같은 희망을 안아 새벽 창가에서 돋을볕으로 붉게 피어오르는 꿈의 실현이다.

김경미의 시 「독을 깨는 요리사–자연요리사 임지호」는 요리사 임지호의 요리법을 말한다. 인물이 지닌 개별적인 능력을 높이 바라보며 그의 교수법을 전하고 있다. 자연요리사라는 별호를 지니고 있는 요리사 임지호는 선창가 어부들의 생명력 있는 지혜를 기초로 요리를 한다. 바지락 캐는 할머니가 체험한 생활의 지혜로 요리를 하여 그들과 음식을 나눈다. 산과 들의 초자연적인 재료를 사용하여 요리를 하는 임지호는 바다를 응시하다 따개비를 따는 요리사가 되고 산과들에 들어 꽃 피고 새가 우는 요리사가 되었다는 것이다. '산을 넘고 물을 건너는 여정이 있는 요리/자연의 요리는 더하고 빼기의 조합/꽃 피고 새 우는 요리가 되었다/사람을 좋아하고 정을 나누는 마음을 숙성시켜/천연 조미료 삼아/세계인의 입맛을 사로잡다' 이 시의 핵심적 메시지는 요리사 임지호 예찬이다.

박경주의 시 「비눗방울 놀이」는 비눗방울 놀이하는 한 아이를 바라보는 화자의 시선이다. 비눗방울에 빛나는 무지갯빛 꿈을 따라가는 아이의 시선이 천진하다. 비눗방울-아이-무지개는 때 묻지 않은 사물과 인물들로 동심의 세계를 열어내는 대상들이다. '황금빛 햇살이 감싸는 오후/한 아이가 너른 들판에서 맴을 돈다/주머니에 든 비눗방울 호리병/듬뿍 찍어서 훅- 하고 부니/금세 푹- 하고 터진다' 와 같이 허공중에 비눗방울을 띄우는 아이의 행위는 아이가 세상에 던지는 꿈의 세계이다. 그 꿈의 세계는 무지갯빛으로 빛나고 아이는 꿈속에서도 무지개를 세상에 띄우고 있다. '다시 조심스레 비눗물 찍어/살살 불어본다/비눗방울은 작은 채에 대롱대롱 매달려/점점 부풀어진다' 부풀어 오르는 비눗방울은 아이가 꾸는 꿈의 크기이다.

더는 피우지 못한 안타까움만
촘촘히 박혀
까맣게 게워낼지라도
오롯이
감당해준 줄기여

무엇으로도
뿌리내리지 못해 돌아온 길
햇살 가득 안겨 준 그대
주체할 수 없는 지난 세월이
알알이 쏟아져 내린다.

– 강해경의 시 「해바라기 꽃길을 가다」 전문

철부지 소녀 되어 앉아
소리 없이 웃는 철쭉만 만지작거리다
밤나무가지에서 눈물 없이 우는 새를
아버지 환생인 양 바라보며
기다림에 지쳐 눈물도 말라버린 모습 같아
애잔한 설움만 펴내다
기별 없는 야속함에 발길 돌릴 제
깊은 바닷속 일렁이는 꿈 하나 손에 쥔다
사대육신 뿔뿔이 흩어지기 전
고향 언덕에 곱게 앉아
잔잔한 소리들 내 시 속에 앉히고 싶다는

– 김현숙의 시 「고향」 중에서

늙은 사내의 가슴엔
시퍼런 고등어 한 마리 퍼덕이고
입술엔 날 선 비수의 칼날 찬란하다
좀 덜 늙은 사내
불그스름한 혀 쉬지 않고 날름거리며
연신 손바닥 마주하며
맞장구친다.
수군수군 쑥덕쑥덕 쿵덕쿵덕
방아소리 요란하다
복사꽃송이 부끄러워 고개 숙이고
태양도 홍시빛이다.

– 박은준의 시 「험담」 중에서

하루 고단 내려놓은 평화로운 저녁
쇼파에 앉아 바라본 당신
귀밑 주름 희끗희끗한 머리 세월 훈장
시집올 적 아버님 앞에 앉아 있는 듯 꼭 닮았다.
나이 들면 시력 희미한 이유
서로의 모습 희석해 보라는
조물주의 배려인가
애물단지의 긴 세월 같이 한 당신
암탉 병아리 품듯 품어 준 당신

– 김주현의 시 「당신」 전문

강해경의 시 「해바라기 꽃길을 가다」는 그대와 나의 관계를 짚는 사랑이다. 해바라기라는 사물성은 바라본다는 의미의 은유이며 그 대상은 태양이라는 절대적 그대 혹은 나의 상관물이다. 시의 제목에서 말하는 '해바라기 꽃길을 가다' 는 바라만 보는 사랑의 길을 걷는다 라고 하는 직유와 연결된다. '그대(해바라기)가 나(태양)를 품어/꽃을 피우는 동안/무심한 나로 인해/애를 태웠고' 라 하는 첫 연의 언어로 보면 해바라기가 태양을 품어 꽃을 피우는 동안 무심하기 짝이 없는 태양(나)의 외면을 드러낸다. 때문에 이 시의 방향성은 '무엇으로도 뿌리 내리지 못해 돌아온 길' 이 되고 만다. '더는 피우지 못한 안타까움만/촘촘히 박혀/까맣게 게워낼지라도/오롯이/감당해준 줄기여//무엇으로도/뿌리내리지 못해 돌아온 길/주체할 수 없는 지난세월이/알알이 쏟아져 내린다.' 는 바라만 보는 사랑이다.

김현숙의 시 「고향」이다. 어머니 탯줄 찾아가고 싶은 날로 시작되는 이 시는 고향 그리움이다. 그 고향 속에는 언제나 떠나지 않는 생명의 원천인 어머니가 있고 나를 생산해 준 '탯줄' 이라는 인연의 끈이 자리하고 있다. 탯줄을 찾아가고 싶다는 언어의 본질은 어머니 보고 싶다는, 찾아가고 싶다는 의미를 안고 있다. '어스름 녘 벌겋게 충혈된 눈 안고/고개 숙인 가로등 길 배회할 때/초가 굴뚝 연기 되어 피어나는 곳/꺾인 마음 초라히 작아 진 날도/청보리밭 평화로움 물결쳐온다' 는 그리움이다. 어깨 낮아진 날의 기력이 쇠진한 날 쓸쓸하고 외로운 날 '쌓아 둔 그리움 보따리 가득 담아/모양새 낸 설렘 안고 밤기차에 올랐다' 고 한다. 고향의 언덕 큰 우산이 되어 주신 아버지 잠들어 계신 곳에서 소리없이 웃고 있는 철쭉만 만지작거리다가 밤나무가지에서 우는 새를 아버지 환생인 양 바라본다. 그리고 화자의 다짐은 사대육신 흩어지기 전(생명을 내려놓기 전) 고향 언덕에 곱게 앉아 잔잔한 고향의 소리를 자신의 시 속에 담고 싶다는 욕심 하나 품고 온다.

박은준의 시 「험담」은 제목이 전하는 의미 그대로 사내 둘이 은밀한 험담을 하고 있다. 은근한 재치를 시 속에 담아내고 있는 박은준 시의 재미를 읽게 하는 이 시는 큰 소리(크레센도), 작은 소리(디크레센도로)로 섞어내는 험담의 높낮이까지 들려와 이들의 소리에 몰입하게 한다. 사실적 묘사로 이어지는 언어들을 따라가다 보면 시인의 비상한 역량의 읽게 된다. '복사꽃 그늘 아래/사내 둘이 은밀한 입맞춤하고 있다' 복사꽃 그늘이라는 공간 또한 한 몫 하게 되는데 무엇보다 험담을 하는 인물들이 보편적 인식인 여자가 아니라는 점이다. 아무튼 범상치 않은 험담을 주고받는 이들의 소리가 궁금해질 정도다. '늙은 사내의 가슴엔/시퍼런 고등어 한 마리 퍼덕이고/입술엔 날 선 비수의 칼날 찬란하다/좀 덜 늙은 사내/불그스름한 혀 쉬지 않고 날름거리며/연신 손바닥 마주하며/맞장구친다.' 이 시의 말미에 드러나긴 하지만 험담의 진의는 방아소리가 요란하다는 것이며 복사꽃송이가 부끄러워 고개를 숙이고 태양마저 홍시빛이라는 점이다.

김주현의 시 「당신」은 남편의 귀밑 희끗희끗한 머리를 바라본 화자가 느끼는 안쓰러움이다. 시집 올 적 시아버지를 닮았다는 남편을 바라보는 아내의 측은지심이 따뜻하다. 김주현의 시는 아직 그 시력詩歷이 짧아 스스로도 자신을 들여다보지 못하고 있지만 몇 편의 발표된 시를 감상하면 매우 우수한 작품을 창작해 낼 만큼의 감성을 지니고 있다. 시는 자신이 대상을 바라보는 감정의 빛깔을 언어로 구체화시키는 것이다. 시 「당신」과 같이 짧지만 평화로운 저녁(시간) 소파에 앉아 있는 남편(인물=대상)을 바라보는 화자(시인)인 나의 감정이 진실하게 그려졌다. 좋은 시를 쓸 수 있는 여력이 보인다. '귀밑 주름 희끗희끗한 머리 세월 훈장/시집올 적 아버님 앞에 앉아 있는 듯 꼭 닮았다./나이 들면 시력 희미한 이유/서로의 모습 희석해 보라는/조물주의 배려인가/애물단지의 긴 세월 같이 한 당신/암탉 병아리 품듯 품어 준 당신' 에 대한 고마움이 극명하다.

동남문학 11집 동인지「달팽이의 하루」읽기를 마무리한다. 좋은 시 좋은 수필을 생산해 준 회원 여러분에게 큰 박수를 쳐야겠다. 한 해의 문학작품 걷이가 풍성하다. 어디에 내어 놓아도 부끄러움 없는 작품이 많았다. 다만 어디에 내어 놓아도 두드러진다는 작품쓰기는 필요한 과제이다. 11년간 다듬어 온 동남문학의 역사가 오늘을 이루어 놓았으나 매 순간의 시간을 소중히 하여 좀 더 치열한 작품 생산에 혼신을 다해 주었으면 하는 욕심을 지니게 한다. 극도로 변화하는 세태 속에서도 하나로 모여 문학 세우기의 큰 뜻을 펼쳐 주는 여러분의 문운을 빈다. 건강 챙기는 일 잊지 마시고 돌아오는 한 해가 더 아름다웠으면 한다.